国家开放大学学习指南

The Open University of China
Learning Guide

林 宇 主编

2021 版

国家开放大学出版社·北京

图书在版编目（CIP）数据

国家开放大学学习指南：2021版／林宇主编．—北京：国家开放大学出版社，2021.1
　　ISBN 978-7-304-10601-0

Ⅰ．①国… Ⅱ．①林… Ⅲ．①开放大学—指南 Ⅳ．①G724.82-62

中国版本图书馆CIP数据核字（2020）第257435号

版权所有，翻印必究。

国家开放大学学习指南（2021版）
GUOJIA KAIFANG DAXUE XUEXI ZHINAN（2021 BAN）

林宇　主编

出版·发行：国家开放大学出版社
电话：营销中心 010-68180820　　总编室 010-68182524
网址：http://www.crtvup.com.cn
地址：北京市海淀区西四环中路45号　邮编：100039
经销：新华书店北京发行所

策划编辑：张　曒　　　　　版式设计：何智杰
责任编辑：李京妹　　　　　责任校对：吕昀豀
责任印制：赵连生

印刷：北京鑫海金澳胶印有限公司
版本：2021年1月第1版　　2021年1月第1次印刷
开本：165mm×235mm　　印张：8.5　字数：125千字

书号：ISBN 978-7-304-10601-0
定价：15.80元

（如有缺页或倒装，本社负责退换）
意见及建议：OUCP_KFJY@ouchn.edu.cn

校长寄语

President's message

同学们：

大家好！

我代表国家开放大学 400 多万师生员工对你们加入国家开放大学学习表示热烈的欢迎和衷心的祝贺。

国家开放大学是一所以习近平新时代中国特色社会主义思想为指导，以立德树人为根本任务，立足中国国情，扎根中国大地，充满生机、充满活力的大学。学校着眼于中国教育现代化 2035，利用全球化教学资源，培养德智体美劳全面发展的社会主义建设者和接班人，是一所新型互联网大学。此外，国家开放大学还是办学网络覆盖全国城乡，学历、非学历教育并重，服务于全民终身学习的新型大学。

国家开放大学是在中央广播电视大学基础上设立而成的，它与遍布全国的各级广播电视大学共同构成开放大学体系。作为中国远程教育的拓荒者，1978 年，改革开放的总设计师邓小平同志亲自批准建立了中央广播电视大学，从此一所新型的大学在中国高等教育体系里诞生了。2012 年国家开放大学正式挂牌，标志着国家开放大学迎来了全新的转型升级时代。国家开放大学以促进全民终身学习、推进学习型社会建设为根本办学宗旨。在办学的过程中，国家开放大学始终强调五大办学理念："开放、责任、质量、多样化、国际化"。它以现代信息技术为支撑，利用"一体化、一站式"的远程教育网络平台，集聚优质资源、实现全社会优质资源共享，通过现代信息技术，把教学过程中的"教、学、辅、管、研、控"融为一体，全面推进教学、科研、管理工作，提升学校人才培养质量和水平，为学习型社会提供重要支撑。

截至2021年春季，国家开放大学具有招生资格的专业及方向237个，其中包括12个高中起点本科专业及方向，58个专科起点本科专业及方向，167个专科专业及方向；拥有5000余个涉及不同专业、覆盖全国的向学生提供支持的教学团队；服务来自不同地域、各行各业的400多万名学历教育注册学生。在这400多万名学生中，有3000多名残障学生、19万多名士官学生和21万多名农民学生。

经过国开人的不懈努力，学校事业不断迈上新台阶，办学能力和水平不断提升，社会声誉、形象、评价不断好转，来自政府、社会的各种支持也越来越多，我们的学历证书得到了国际上的广泛承认。目前国家开放大学已经拥有本科专业的学士学位授予权，并且与政府、行业、企业形成了多种模式的合作关系。这些，为国家开放大学今后建设发展奠定了坚实的基础。学校将进一步加快提升信息化现代化水平，集全校之力申办专业硕士学位，多措并举提升办学体系凝聚力，做大做强非学历教育，凝心聚力营造科研氛围，进一步加强国家开放大学的质量和内涵建设，将国家开放大学办成一所受人尊敬的大学。

国家开放大学已经走过40多年历程。40多年来，学校解决

了两代人的学历补偿问题，积累了远程教育的丰富经验，探索了开放教育的新途径、新方法，为我国改革开放和现代化建设做出了重要贡献。当前我们所处的时代，既是近代以来中华民族发展的最好时代，也是实现中华民族伟大复兴的关键时代。一代人有一代人的使命，擦亮国家开放大学牌子的重任落到了你们这代人身上。与一百年前的前辈相比，你们是幸运的。今天的你们既拥有广阔发展空间，也承载着伟大时代使命。你们的个人前途命运将和这个伟大时代紧密结合，这是你们最大的人生际遇，也是最大的人生考验。期待你们读懂"时代之书"，融入时代潮流，在实现中国梦的生动实践中放飞梦想，在为人民利益的不懈奋斗中书写人生华章。不忘初心，方得始终。作为将参与和见证"中国梦"最终实现的年轻建设者，你们生逢其时、重任在肩。你们的个人梦想天然地、历史地与"中国梦"紧密联系在一起。

同学们，国家开放大学将尽一切努力，为你们学习成长提供全方位服务，我相信，大家在国家开放大学也必将学有所成、实现理想、报效国家。这里我提几点希望，与大家共勉：

第一，努力成为品德高尚的人。"爱国、励志、求真、力行"，是新时代对新青年提出的根本要求。治学不仅仅是学识增长、学术增进的过程，更是品格塑造、修身正己的过程。希望你们心存高远的目标，并且坚定地朝着这个目标努力奋进；希望你们铸就理想信念、锤炼高尚品格，与国家和人民同呼吸、共命运；希望你们树立正确的世界观、人生观、价值观，坚守良知，做对国家、民族和人民有益的人，在促进社会发展的同时，实现自己的人生价值；希望你们修身立德，做到品德高尚、身心健康，做社会主

义核心价值观的弘扬者和践行者。

第二，努力成为求真务实的人。"君子强学而力行"，或许获得大学文凭是你们加入国家开放大学最初的动因和目标，这无可厚非。但是，系统地学习和掌握专门知识，增长真才实学，才是你们实现未来梦想的基石。每一项事业，不论大小，都是靠脚踏实地、一点一滴干出来的，学习的过程也一样。认真学习的过程是提升自我的必由之路，除此以外，没有捷径。你们可以采用以自主学习为主，网络学习和面授辅导相结合的学习模式，通过互联网及各种终端，按照学校各专业的学习任务安排学习进程。国家开放大学将通过各种途径为你们的学习提供最大程度的支持和帮助。不经风雨，哪见彩虹，不经历学习的艰辛，哪能登上人生的新高度。希望你们学思结合，成为具有社会责任感、创新精神和实践能力的人才。

第三，努力成为技艺超群的人。"不怕千招全，就怕一招绝"，希望你们刻苦学习，掌握一技之长，创造辉煌人生。世界在变，社会也在变，21世纪以来，新技艺、新业态、新模式层出不穷，科技革命突飞猛进。希望你们在学好专业知识的同时，更加注重拓宽视野、提升素养、增长技能、练就本领，国家开放大学在提供专业教育的基础上，还给大家提供了很多获得职业资格证书的机会，努力让你们在获取知识的同时也掌握一技之长，具备新时代的职业精神、工匠精神；希望你们在扎实打好专业基础的前提下，积极了解学科与专业的最新发展趋势，在提高职业胜任力的同时，注重更广博知识技能的积累，未来我们将实行课程开放和弹性学分制，把课程选择权交给你们，就是基于这方面的考虑。

第四,努力成为自觉自律的人。"自律的程度,决定你人生的高度",作为国家开放大学的学生,你们在学习的过程中,可能会遇到时间冲突、工学矛盾、家庭负担等现实问题,可能会产生信心不足、动力不强等畏难情绪。越是困难越需要理想和信念的坚守,越是困难越需要奋斗精神和奋斗意志。希望你们做好时间管理,学会自主学习,不松懈,不虚度;希望你们自律、自觉、自信、自强,坚守科学精神、恪守学术道德、严守治学规范、笃守研究兴趣,志存高远、奋发图强,用自律创造自由,成为你想成为的那个人。

同学们,国家开放大学必将因你而精彩。全体国开人将伴你一路前行,共续华章。

"吾生也有涯,而知也无涯。"让我们共同努力,心无旁骛,努力学习,让我们同心同德、同向同行,让我们拧成一股绳,共筑国开梦、中国梦!

刘臣刚

2020 年 8 月

前 言
Preface

　　国家开放大学是在中央广播电视大学基础上设立而成的，它与遍布全国的各级广播电视大学共同构成开放大学体系，是以现代信息技术为支撑，办学网络立体覆盖全国城乡，学历和非学历继续教育并重，面向全体社会成员，新型互联网大学。其基本架构是总部、分部、学院和学习中心。国家开放大学以促进全民终身学习、推进学习型社会建设为根本宗旨，在办学的过程中强调"开放、责任、质量、多样化、国际化"五大理念。国家开放大学采用以自主学习为主，网络教学、面授辅导和远程支持服务相结合的学习模式。

　　"国家开放大学学习指南"这门课程基于职业教育理论进行整体设计，以学生在国家开放大学完成一个专业的学习过程为内容主线。课程内容选取的是完成国家开放大学学习的必备知识，尽可能清晰、简洁、实用。课程内容组织基于问题和模块化，以完成学习任务的形式呈现。

　　课程以完成学习任务的过程为导向，从了解和认识国家开放大学开始，让学生学会如何通过远程学习方式方法完成一门课程、一个专业的学习，能够在国家开放大学的教学模式下完成学习任务，熟悉国家开放大学学习网上的基本术语、掌握学习网上的基本工具，了解国家开放大学学生相关事务与管理规定，能够结合自身实际，利用国家开放大学所提供的支持与服务。

全书由五个学习活动构成，每个学习活动包括问题提出、问题解决、评价与反思、拓展知识等模块。每部分内容生动丰富，图文并茂，增强了教材的直观性和易读性。

课程考试在"国家开放大学学习指南"网络课程学习中同步完成。

《国家开放大学学习指南（2021版）》相较之前版本进行了修订。学习活动一的修订工作由赵婷婷完成，学习活动二的修订工作由程千完成，学习活动三的修订工作由李明阳完成，学习活动四的修订工作由熊伟完成，学习活动五的修订工作由狄晓暄完成。全书由林宇、叶志宏统稿。

本书在编写过程中得到了北京交通大学陈庚教授，西安广播电视大学宋锋教授，国家开放大学刘臣教授、杨孝堂教授、匡贵秋副研究员、李松教授、蒋国珍副教授、张志军副教授等的大力支持和帮助，他们在内容编排、写作风格、文字表述等方面的许多真知灼见使编写者受益匪浅。国家开放大学出版社李朔总编辑和张曒副总经理，以及安薇、杜建伟、李京妹等编辑的建议也为本书增色不少。在此致以诚挚的感谢和敬意。

虽然本书是汇聚众多智慧完成的，但编写者水平有限，书中不足之处敬请各位老师和同学批评指正。

国家开放大学学习指南课程组
2020年8月

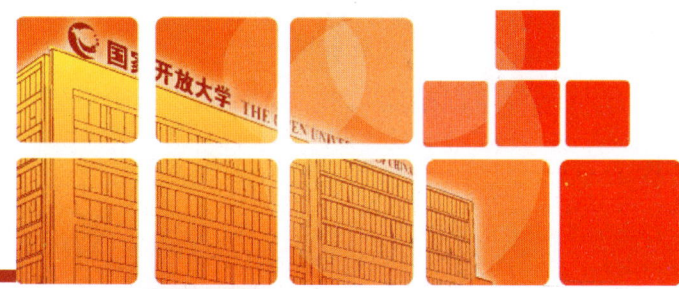

目 录
Contents

学习活动一：认识国家开放大学 1
  任务一　走进国家开放大学 1
  任务二　学习途径与方式 7

学习活动二：完成专业学习 18
  任务一　走进专业 18
  任务二　专业学习过程与评价 38
  任务三　学位授予及转学 42

学习活动三：完成课程学习 47
  任务一　进入课程学习 47
  任务二　关于课程考试 62
  任务三　课程学习中的互动与分享 70

学习活动四：网上学习操作技能 73
  任务一　上网基本技能 73
  任务二　网上学习操作 76

| 任务三　常用上网工具 | 87 |

学习活动五：学生事务服务　　　　　　　90

任务一　了解学生事务服务　　　　　　　90
任务二　参加学生活动　　　　　　　　　94
任务三　如何寻求帮助　　　　　　　　　104
任务四　如何获得奖励　　　　　　　　　107

学习活动一：认识国家开放大学

同学们,欢迎来到国家开放大学学习。它是一所什么样的大学?在这里学习,又有哪些特别之处呢?下面,就让我们一起来了解一下吧。

任务一　走进国家开放大学

小李,你也报名了国家开放大学的学习吗?

是啊!小闫,我听说国家开放大学为学生提供了很多学习资源和多种学习方式。我想,总有一种适合我!

问题提出

1. 国家开放大学有什么特别之处？
2. 国家开放大学的办学特色是什么？
3. 同学们可以选择哪些专业或课程进行学习？

问题解决

1. 国家开放大学有什么特别之处？

国家开放大学是教育部直属的，以促进终身学习为使命、以现代信息技术为支撑、以"互联网+"为特征、面向全国开展开放教育的新型高等学校。前身是邓小平同志批准缔造的中央广播电视大学，2012年6月更名为国家开放大学。

学校共开设本专科专业237个，现有在籍学生466.1万人，累计招生2141.1万人、毕业1562.1万人，非学历教育人次数以亿计。办学体系现有教职工9.1万人，聘任兼职教师3.4万人，形成了1个总部、45个省级分部、3735个学习中心组成的覆盖全国城乡的办学体系。建校41年来，解决了两代人的学历补偿问题，探索了中国继续教育的实现路径，积累了终身教育的办学经验，为我国改革开放和经济社会发展做出了积极贡献。

面向农村：国家开放大学通过实施教育部"一村一名大学生计划"，为广大农村培养"留得住、用得上"的技术和管理人才。

面向基层：为更好地满足国家经济转型、产业升级和改善民生战略的需要，国家开放大学实施了"新型产业工人培养和发展助力计划"及"产业工人求学圆梦行动"，面向生产和服务一线的在职职工开展学历与非学历继续教育，服务企业转型升级，助力职工成长发展。

学习活动一：认识国家开放大学

面向少数民族地区：为维护边疆稳定，振兴民族地区教育，国家开放大学面向新疆、西藏等少数民族地区培养急需的人才。

面向边远地区：为推进科技强军，提高部队士官的素质，国家开放大学先后建立了八一学院、总参学院、空军学院等，并与中央军委训练管理部职业教育局合作，把优质教育资源输送到祖国的雪域高原、边防海岛，实现了士官学生"不出军营上大学"的梦想。

国家开放大学还成立了残疾人教育学院，为残障人士平等、充分地参与社会生活开辟了新途径。

国家开放大学为增加人民群众接受高等教育的机会，加快我国高等教育大众化的步伐，提供改革开放所需的人力资源，构建我国终身教育体系做出了重大贡献。

2. 国家开放大学的办学特色是什么？

国家开放大学突出与普通高校、相关教育机构、行业、企业的合作办学，充分利用其优质教育教学资源，提升办学能力和服务水平。打破体制机制障碍，运用市场经济方式，在平等、互惠、共赢的基础上，探索与行业协会、大型企事业单位等合作办学新模式，以大力开展非学历继续教育为主要方向，成立一批旨在提升行业、企业在职人员素质和能力的教育培训学院，开展不拘一格、丰富多样的教育培训活动。开发特色教育培训资源，形成特色教育培训品牌。利用深入城乡基层的办学网点，与相关政府部门和社区合作办学。组织各学科领域一流专家学者，利用国家开放大学网络平台，面向全体社会成员举办各种学术讲座，提升公民素养、科学素养、文化素养，不断满足社会成员多样化、个性化的学习需求。

国家开放大学不断拓展国际发展空间，加入亚洲开放大学协会，共同面向全球开展远程开放教育活动。与相关国家的开放大学进行实质性合作，在平等互利的基础上，通过基于互联网的网络平台，实施双边境外招生和远程学习支持服务项目。与分布于世界各国的众多孔子学院合作办学，利用国家开放大学的海量数字化学习资源，支持中国文化传播和汉语推广工作，促进海外孔子学院的发展壮大，提升国家软实力、中华文化吸引力和影响力。

3. 同学们可以选择哪些专业或课程进行学习？

国家开放大学依托已有的电大办学基础和优势，充分利用覆盖全国城乡的办学网络，与高等学校、培训机构，以及政府有关部门、行业协会、企业等合作，整合优质教育资源，推进学科专业建设，构建主动适应社会经济发展需要，学历教育与非学历教育互通、专业教育与证书教育互补，结构优化、协调发展的学校专业和证书体系。目前，专业覆盖理、工、农、医、文、法、经济、管理、教育九大学科及19个高职高专大类。专业层次涵盖高中起点本科、专科起点本科、高中起点专科。所有本科专业均可授予国家开放大学或合作高校的学位。

评价与反思

1. 同学们，完成了这个任务的学习，你们会发现国家开放大学是一所运用新技术、新手段的新型大学。让我们展望它美好的发展前景，开始学习之旅吧！

2. 同学们，在本门课程的学习当中，你们是否还想了解国家开放大学教师和同学的感受呢？请登录"国家开放大学学习指南"网络课程，进入学习活动一中的任务一，去看看他们怎么说吧！

📖 拓展知识

1. 学习过程中，哪些教师为我们提供支持服务

远程学习与传统的校园学习不同，开放大学有不同分工的教师为同学们提供学习支持服务。国家开放大学总部的教师负责专业设置、课程资源建设、教学过程设计与落实，还承担网络视频辅导、论坛答疑等工作。但是为同学们提供教学服务的，远远不止总部的教师，还有不同学科领域的专家学者，以及在学习中心面授的辅导教师、教学管理教师等，他们都会为同学们提供全方位的支持服务。目前，国家开放大学组建了不同课程的上千个网络教学团队，为同学们提供学术和非学术的个性化远程支持服务。此外，学校还专门运营了"国开学生之家"微信公众号，为大家提供了一个集通知发布、学习指导、信息查询、交流互动为一体的服务平台。此外，为了更好地为同学们提供随时随地可学的环境，国家开放大学总部与中国联通合作，面向在校师生免费办理"国开大卡"。该卡无月租费，可支持师生获得"国开在线"App上的全部学习资源（每月5G流量）。

2. 校友的学习体会都有哪些

国家开放大学的学生涵盖了社会上的很多群体，下面我们就来了解一下他们在国家开放大学的学习体会吧。

农民：参加国家开放大学的学习，让我圆了大学梦。我用学到的知识种地，实实在在地解决了不少生产中遇到的困难，还能通过技术讲座得到专家的指导。

农村行政管理干部：学习了国家开放大学"一村一名大学生计划"管理专业的课程，我从理论上丰富了知识，又在实践工作中提升了水平，很多面向农民的工作难题迎刃而解。

城市外来务工人员（从事建筑业的劳动工人）：虽然每天工作很累，但学习国家开放大学的课程让我的精神世界更加充实、精彩。国家开放大学为我搭起了连接现实与梦想的桥梁。

护士：护士的工作很辛苦，尤其是值班使我与他人的工作时间不同，国家开放大学灵活的学习方式让我有了提升自己的机会。我会认真学习，并将所学付诸实践，帮助每个需要帮助的病人。

酒店服务员：我工作三年了，一直扎在具体事务工作中，现在通过对国家开放大学工商管理课程的学习，丰富了自己的理论知识，工作更加有的放矢。

保安：作为一名保安，平时工作很累、很辛苦，学习的时间很有限，但是每次拿起书本，我都会觉得很充实，感觉距离自己的目标又近了一点儿。我会珍惜在国家开放大学学习的机会。

军队士官：在信息时代，部队更需要高素质的人才。通过在国家开放大学的学习，我不仅提高了自己的知识水平，而且提升了自己的学习能力，在工作中能够以更广阔的视野来解决具体问题。

学习活动一：认识国家开放大学 01

肢体残障人士：人活着，最重要的就是自强自立。通过在国家开放大学的课程学习，我找到了一份更加适合自己的工作，收入增加了，家人的生活也有了很大改善。

幼儿园教师：我自从学习了国家开放大学"学前教育"专业的课程，对保育和教育幼儿更有自信了，遇到棘手的问题再也不会手忙脚乱，课程教给我许多行之有效的办法。

退休工人：我退休在家，上网学习了国家开放大学的课程，丰富了自己的知识，使自己的爱好变成了专长，我很喜欢这样的退休生活。

任务二　学习途径与方式

在国家开放大学这所新型大学中，我该通过什么途径与方式进行学习呢？

能够使用互联网和计算机是必须掌握的技能。

问题提出

1. 什么是现代远程教育？
2. 在线学习中有哪些不同种类的学习资源？
3. 在线教育中学生可以通过哪些途径开展学习？
4. 针对纸质教材和数字化学习资源，应该采用什么样的学习方式？

问题解决

1. 什么是现代远程教育？

现代远程教育是指学生和教师、学生和教育机构之间主要采用多种媒体手段进行远程教育系统教学和通信联系的教育形式。它是随着现代信息技术的发展而产生的一种新型教育形式，是构筑知识经济时代人们终身学习体系的主要手段。

其特点可以概括为：①学生和教师处于时空分离的状态；②教育组织通过教学规划、组织，提供学习资源和支持服务来指导和帮助学生学习；③应用各类媒体，承载课程，联系师生；④通过双向通信，促进师生完成教学交互；⑤在学习的整个过程中，既包括个别化教学又有面授和集体交流。

2. 在线学习中有哪些不同种类的学习资源？

（1）纸质教材：也称文字教材。纸质教材所承载的课程教学内容主要包括教学基本内容、实验内容、导学内容及学习参考内容等（如图1-1所示）。

（2）视频学习资源：视频教材按照所讲授的教学内容和

要求的不同，总体上可分为系统讲授型和专题型两大类。系统讲授型视频教材是指按照课程教学内容的知识体系，较全面、系统地讲授知识和技能的录像教材。专题型视频教材是指通过对知识点或相对独立的教学内容，如课

图 1-1 纸质教材

程学习方法和要求、重点或难点教学内容、案例、实验、学科拓展内容等进行专门的讲授、演示、分析或介绍，帮助学生深入理解所学的内容，掌握思路和方法，开阔学科应用与发展方面的眼界等的录像教材。专题型视频教材内容长短不拘，可单独成片，也可插入系统讲授型视频教材中使用。音频教材主要有直录型和编辑型两大类。直录型音频教材是在录音室或现场直接录音而成；编辑型音频教材是由录音素材经配乐、合成等编辑而成。

（3）网络课程：是指通过网络表现的某门课程的教学内容及实施的教学活动的总和（如图 1-2 所示）。网络课程包括两个组成部分：按照一定的教学目标、教学策略组织的教学内容，网络教学支撑环境。其中，网络教学支撑环境特指支持网络教学的软件工具、教学资源以及在网络教学平台上实施的教学活动。

（4）全媒体数字教材：是指利用泛在计算以及媒体融合等技术理念，以课程核心知识点为基本单位，融合图、文、声、像、画等数字媒体，结构化地呈现课程基本教学内容、主要学习活动、练习和测评，尤其适合学生采用移动终端在各种环境（在线和离线环境）下都能进行学习和阅读的数字教材。全媒体是对媒体形态、媒体生产和媒体传播的一种整合性应用，也就是实现教

学内容的多媒体化、发布载体的多元化，以及学习资源的复用和共享。

图 1-2　网络课程

（5）学习资源包： 是为适应移动学习而推出的全新学习资源形式。学习资源包内含丰富的助学、助考资源：核心资源包括纸质教材、形成性考核册（简称形考册）、期末复习指导、全媒体数字教材；拓展资源包括试题库和PPT等（如图1-3所示）。学习资源包中所有的数字化学习资源，均由开放云书院提供技术支撑服务。

学生拿到学习资源包后，可按提示扫描该教材的二维码，下载和安装开放云书院客户端，注册后即可免费获取数字化学习资源。

学习活动一：认识国家开放大学 01

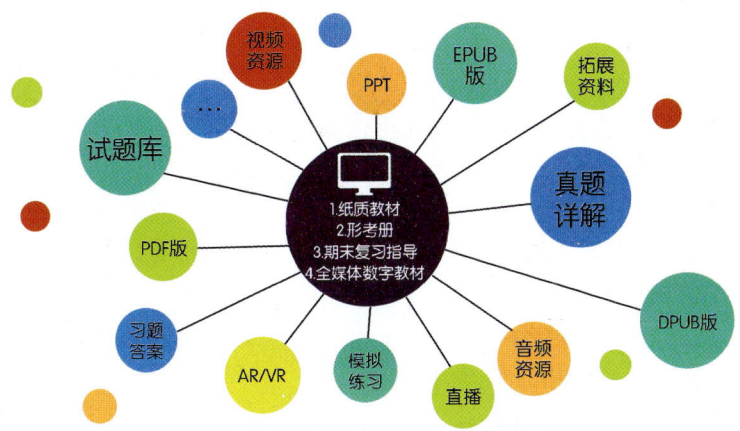

图1-3 学习资源包的构成

> 注：用户扫描二维码获取相应的数字化学习资源后，该教材的二维码即告失效。

开放云书院客户端
用户使用手册

扫描关注开放云书院
微信公众号

扫描播放学习资源包
获取流程

（6）五分钟课程：指运用"积木化、产品化"的理念，成系列、成规模地开发的融图、文、声、像、画为一体的五分钟课程。以碎片化、易使用、可选择为特色的五分钟课程，可以实现在任何时间、任何地点，为学习者提供最方便的学习资源。

3. 在线教育中学生可以通过哪些途径开展学习？

在线教育学习发生过程中，学生主要通过互联网进行自主学习，辅以面授课和即时通信工具交流。

（1）登录国家开放大学学习平台及国开在线 App 学习。

①国家开放大学学习平台。

在国家开放大学正式注册学习的学生均会获得自己的学习网账户和密码，用来在读期间登录国家开放大学学习平台 http://www.ouchn.cn/，完成课程的学习、测试练习及一些课程的考试等任务（如图1-4所示）。

图1-4　国家开放大学学习网首页

同学们在学习过程中，应经常浏览关注学习网个人页面当中，本学期所选修的每门课程老师的学习建议与任务提醒，及时按照统一要求完成网络课程当中的学习任务，认真收看辅导教师的视

学习活动一：认识国家开放大学 01

频辅导，并积极在课程论坛当中发言讨论。

② "国开在线" App。

同学们可以随时随地在手机上访问"国开在线" App，查询课程信息动态，进行资料阅读、视频播放，甚至完成考试。在这个平台上，同学们还能够收看到内容丰富的网络讲座、公开课等，助力大家实现"不脱产、不离岗、轻松上大学"的梦想。

（2）收看电视播出学习。

国家开放大学的学习资源在中国教育电视台一套"开放课堂"、二套"教师教育"栏目固定播出，同学们可以根据节目预告收看。

（3）参加线下面授课学习。

学生所在学习中心根据课程特点和学生实际，将在每学期组织线下的面授课辅导。同学们应高度重视并积极参与。与普通高校的校园生活相比，在线教育的师生、生生互动是通过"云端"来实现的。因此，数量有限的面授课无疑将是辅导教师知识讲授、与同学之间沟通交流的宝贵机会。

（4）运用即时通信工具学习。

学习中心的责任教师将以班级或课程为单位，建立 QQ 群和微信群邀请同学们加入，以便及时发布学习信息、沟通交流。运用即时通信工具，学生不仅可以保持与老师、同学之间事务性的联络，更有利于同学们对学习内容进行及时交流和讨论。

4. 针对纸质教材和数字化学习资源，应该采用什么样的学习方式？

纸质教材是同学们在学习过程中使用的最基本的资源，很多同学在多年的学习中，最熟悉和适应这样的学习资源。

在学习过程中，纸质教材是学生最基本和最传统的知识载体。同学们可以通过随时随地翻阅纸质教材来不断学习和深化知识点。

数字化学习资源是基于网络和终端的新型知识传播形式，即将传统的纸质教材上的知识点、内容，通过文字、视频、论坛、实时交互等多种形式提供给学生的资源集成。同学们可以通过阅读文字资料、观看视频、学习网络课程、登录论坛和实时交互讨论等多种方式，进行碎片化、颗粒化的学习。

评价与反思

同学们，学习了这些内容，大家都能够体会到远程教育的学习途径和方式是基于网络和信息技术的，需要大家有更高的学习积极性和自我管理能力。现在，请按照你的学习习惯和特点制订一份学习计划吧，制订好后，还可以与班级内或学习小组内的其他同学交流。下面是新生小闫的学习计划。

新生小闫的学习计划

专业：会计学（专升本）

姓名：小闫

学号：202006057854

日期：2020 年 9 月 20 日

一、学习目标

4 年内自学完成会计学（专升本）的全部课程。

二、学习时间

1. 平均每天 1 小时，保证每周学习时间 5～7 小时。

2. 期末复习2周，平均每天复习1小时，保证每周学习7小时。

3. 在学习时间分配上，用60%的时间学习各种形式的学习资源，用40%的时间与教师和同学交流。

三、学习内容

完成本专业设立的必修课、选修课和综合实践课程。

四、学习形式

以自学为主。遇到疑难问题，及时与教师沟通或上网查找相关资料。

五、学习安排

1. 每天保证计划的学习时间。

2. 制订周学习计划时间表，每天严格执行。

3. 利用周六、周日到平罗职教学习中心听课学习。

4. 按时完成教师布置的作业。

六、学习原则

1. 循序渐进、持之以恒。按照课程要求，由浅入深、系统地进行学习。

2. 统筹兼顾、科学安排。处理好学习和工作的关系，努力做到学习常态化。

3. 融会贯通、学以致用。通过学习，不断丰富自己的专业技能，提高业务水平，真正做到思想上有明显提高、作风上有明显改变、工作上有明显推进。

4. 学习与实践相结合。通过学习来提高实践能力，通过实践来验证学习效果。

拓展知识

在国家开放大学的教学模式中，为同学们提供学习支持的教师分布在总部、分部、学院、学习中心不同层级，让我们去网络课程平台听听老师和同学们的学习建议吧！

国家开放大学总部王老师：远程学习是一种基于现代信息技术的、有别于传统课堂的新型学习方式。同学们除了需要掌握日常的网络知识和计算机技术，还需要了解国家开放大学学习网的功能。这并不高深，也不烦琐。同学们第一次接触平台，可能会有点儿生疏，但用过几次后，相信大家都会觉得国家开放大学学习网与我们日常访问的网站相似，既方便又易懂，很适合学习。

学习中心班主任李老师：作为学习中心的辅导教师，我主要负责组织和协调同学们在学习、考试、实践等环节的工作，并管理学籍、成绩等事宜。同学们在这些方面如果遇到困难，欢迎来找我沟通。

学习中心的面授课辅导教师张老师：我是一名辅导教师。远程教育的一大特征就是师生分离，主讲教师与学生很少有机会面对面交流。在大家完成基于纸质、网络等多种媒体学习资源的学习任务之后，由我来进行面对面的答疑解惑，会在一定程度上解决同学们在见不到主讲教师的情况下产生的困惑和焦虑，也有利于营造班级氛围。

学生小马：我在国家开放大学学习计算机专业有一段时间了。我认为纸质、网络、视频等多种媒体学习资源的学习不仅可以让我们学习到专业知识，而且让我们在生活、工作中能够以不同的方式灵活地学习。因此，建议学弟、学妹们积极学习和熟悉各种学习资源。网络学习形式可以使一些课程的实践环节，特别是实验的体验，通过教师精心设计的虚拟实验来完成，既能弥补我们不能身临其境地在实验室中做实验的不足，也能让我们逼真、有趣地进行操作，从而提高学习兴趣和效率。

学生小刘： 虽然远程教育有多种学习途径和方式，但是我更喜欢"阅读教材—听讲—面授讨论"的方式。平时，我自学教材，积极收看视频录像课。

学生小宋： 我是一个"网络迷"，有事儿没事儿都泡在网络上，所以对于这种在线的学习方式，我乐在其中。特别是"国开在线"App，让我可以随时随地地阅读学习资料、参加考试、与老师和同学讨论，真的很方便。

学习活动二：完成专业学习

欢迎同学们选择国家开放大学开始你的学习之旅。国家开放大学有哪些专业？专业学习能给你带来哪些知识、提升哪些技能？专业学习需要学习哪些课程？修学多少学分？哪些教师能帮助你完成专业学习？下面，就让我们来了解一下吧。

任务一　走进专业

你好，小李！学什么专业，我还没拿定主意，我们一起去咨询老师吧！

你好，小闫！了解了学校的情况，我对完成学业更有信心了。你想学什么专业呀？

学习活动二：完成专业学习 02

🔍 问题提出

1. 国家开放大学开设哪些专业？
2. 什么是具有专科出口的高中起点本科专业？
3. 专业学习能带来哪些收获？
4. 学习某专业需要学习哪些课程？修学多少学分？多少学时？
5. 哪些教师能帮助学生完成专业学习？如何与教师互动？

📖 问题解决

1. 国家开放大学开设哪些专业？

国家开放大学开设的专业紧紧围绕国家和区域发展需求。2021年春季开设的专业层次包括高中起点本科、专科起点本科、高中起点专科三个层次。

在专业培养中，为落实立德树人根本任务，全面提升人才培养质量，国家开放大学逐步推进思政课程与课程思政的统一，寓价值观引导于知识传授和能力培养之中，帮助学生塑造正确的世界观、人生观、价值观，成为德智体美劳全面发展的社会主义建设者和接班人。

国家开放大学全体系开设专业列表如表2-1所示，由于不同分部所开设专业不同，查询某一分部开设的专业须以分部所发布的招生简章为准。

表2-1 国家开放大学2021年春季拟招生专业

一、高中起点本科专业	
序号	专业名称
1	软件工程
2	工商管理

续表

一、高中起点本科专业

序号	专业名称
3	会计学
4	学前教育
5	汉语言文学
6	护理学
7	药学
8	法学
9	行政管理

二、专科起点本科专业

序号	专业名称
1	金融学
2	法学
3	社会工作
4	学前教育
5	学前教育（0～3岁婴幼儿教育方向）
6	小学教育
7	汉语言文学
8	汉语言文学（师范方向）
9	汉语言
10	汉语国际教育
11	英语
12	商务英语
13	广告学

续表

二、专科起点本科专业	
序号	专业名称
14	数学与应用数学
15	机械设计制造及其自动化
16	机械设计制造及其自动化(矿山机械方向)
17	机械设计制造及其自动化(导弹工程方向)
18	机械设计制造及其自动化(航空军械工程方向)
19	车辆工程(车辆装备技术保障方向)
20	汽车服务工程
21	计算机科学与技术
22	软件工程
23	数据科学与大数据技术
24	土木工程
25	水利水电工程
26	测绘工程
27	化学工程与工艺
28	化学工程与工艺(洁净煤方向)
29	采矿工程
30	药学
31	护理学
32	工程管理
33	工程造价
34	工商管理
35	市场营销

续表

二、专科起点本科专业	
序号	专业名称
36	会计学
37	财务管理
38	人力资源管理
39	物业管理
40	公共事业管理（卫生事业管理方向）
41	公共事业管理（学校管理方向）
42	公共事业管理（家庭及社会教育指导方向）
43	行政管理
44	物流管理
45	电子商务
46	会展经济与管理
47	酒店管理

三、高中起点专科专业	
序号	专业名称
1	园艺技术（都市园艺方向）
2	测绘与地质工程技术
3	建筑工程技术
4	建设工程管理
5	工程造价
6	物业管理
7	水利水电工程管理
8	数控技术

续表

三、高中起点专科专业	
序号	专业名称
9	机电一体化技术
10	飞机机载设备维修技术
11	工业分析技术
12	药品经营与管理
13	道路桥梁工程技术
14	汽车运用与维修技术
15	城市轨道交通运营管理
16	计算机网络技术（网络管理方向）
17	计算机网络技术（网页设计方向）
18	计算机网络技术（楼宇智能化技术方向）
19	计算机信息管理
20	信息安全与管理
21	移动应用开发
22	护理
23	药学
24	药学（天然药物方向）
25	健康管理
26	中医养生保健
27	金融管理
28	保险
29	投资与理财
30	信用管理

续表

三、高中起点专科专业	
序号	专业名称
31	会计
32	工商企业管理
33	市场营销
34	市场营销（营销与策划方向）
35	市场营销（市场开发与营销方向）
36	汽车营销与服务
37	茶艺与茶叶营销（茶叶评审与营销方向）
38	茶艺与茶叶营销（茶文化方向）
39	电子商务
40	物流管理
41	旅游管理
42	景区开发与管理（乡村旅游开发与管理方向）
43	酒店管理
44	广告设计与制作
45	数字媒体艺术设计
46	服装与服饰设计
47	室内艺术设计
48	中国少数民族语言文化
49	传播与策划
50	学前教育
51	小学教育
52	汉语

续表

三、高中起点专科专业	
序号	专业名称
53	应用韩语
54	社会体育
55	法律事务
56	社会工作
57	社会工作（老年方向）
58	社区管理与服务
59	人力资源管理
60	劳动与社会保障（劳动关系协调方向）
61	公共事务管理（学校及社会教育管理方向）
62	行政管理
63	行政管理（基层管理方向）
64	老年服务与管理
65	家政服务与管理
66	汉语言文学
67	英语（语言教学方向）
68	英语（商务交际方向）
69	英语（文旅服务方向）
70	体育运营与管理
71	虚拟现实应用技术

四、教育部"一村一名大学生计划"高中起点本科专业	
序号	专业名称
1	园林
2	园艺

续表

五、教育部"一村一名大学生计划"专科起点本科专业

序号	专业名称
1	园艺
2	农村区域发展
3	行政管理（村镇管理方向）
4	园林

六、教育部"一村一名大学生计划"高中起点专科专业

序号	专业名称
1	设施农业与装备
2	休闲农业
3	园艺技术
4	农业经济管理
5	农业经济管理（农村电商方向）
6	林业技术
7	园林技术
8	畜牧兽医
9	食品加工技术
10	工商企业管理（乡镇企业管理方向）
11	电子商务（农副产品营销方向）
12	法律事务（农村法律服务方向）
13	行政管理（乡村管理方向）
14	家庭农场经营管理

续表

七、"新型产业工人培养和发展助力计划"专科专业

序号	专业名称
1	煤矿开采技术
2	矿山机电技术（矿山机电设备运行与管理方向）
3	矿井通风与安全
4	安全技术与管理
5	电厂热能动力装置
6	风力发电工程技术
7	光伏发电技术与应用（光伏材料与器件方向）
8	光伏发电技术与应用（光伏电池与系统方向）
9	黑色冶金技术
10	城市燃气工程技术
11	数控技术
12	材料成型与控制技术
13	焊接技术与自动化
14	模具设计与制造
15	机电一体化技术
16	机电一体化技术（电梯方向）
17	电气自动化技术
18	汽车运用与维修技术
19	空中乘务
20	城市轨道交通运营管理
21	移动互联应用技术
22	计算机网络技术（网络管理方向）

续表

七、"新型产业工人培养和发展助力计划"专科专业	
序号	专业名称
23	计算机网络技术（网页设计方向）
24	计算机信息管理
25	眼视光技术
26	工商企业管理（企业现场管理方向）
27	连锁经营管理
28	汽车营销与服务
29	物流管理
30	物流管理（国际航运方向）
31	会展策划与管理
32	数字媒体艺术设计
33	煤矿安全技术与管理
34	机械电子工程与管理
35	应用化工技术
36	电子信息工程技术（电子产品工艺与维护方向）
37	应用化工技术（能源化工方向）
38	虚拟现实应用技术

　　这些专业涉及经济学科、法学科、教育学科、文学科、理学科、工学科、管理学科、农学科、医学科九大学科，同时也覆盖农林牧渔大类、资源环境与安全大类、能源动力与材料大类、生物与化工大类、医药卫生大类、财经商贸大类等19个高职高专大类，极大地满足了同学们多元的学习需求。

　　同学们可以根据个人的学习志趣，咨询国家开放大学分部、学院或学习中心，根据当地开设的特色专业，选择注册你想学习的专业。

2. 什么是具有专科出口的高中起点本科专业？

为满足不同学生在不同时期的需求，国家开放大学高中起点本科专业设置了具有高度灵活性的多出口模式。每个高中起点本科专业都内置了一套该专业的专科毕业规则。修读高中起点本科专业的学生，如果因特殊情况，无法完成全部学业，只要满足该专业内置专科毕业规则的学分和模块要求，即可申请该专业专科层次的毕业证书。这种模式为学生多样化、多变性的需求提供了便利，学生在报读高中起点本科专业时，不用担心由于客观原因无法完成学业而一无所获。这也是国家开放大学高中起点本科专业的独特优势。

3. 专业学习能带来哪些收获？

如果同学们想了解学习某些专业后，将来能从事什么工作、会有哪些收获，那么可以登录国家开放大学相关专业的主页获取信息。

以工商管理（专科起点本科）专业为例，同学们可以在其主页上了解以下信息：

工商管理（专科起点本科）以立德树人为根本任务，培养践行社会主义核心价值观，适应中国特色社会主义经济建设需要，具有良好的职业道德及较高的综合素质，掌握现代经济管理的基本理论知识、基本原理和方法，以及现代企业管理的能力和水平，能够在企事业单位、行政机关从事基层和中层管理岗位工作的综合应用型专业人才。本专业的主要专业课程包括西方经济学、组织行为学、企业战略管理、公司概论、流通概论、小企业管理、管理案例分析等，涵盖了战略管理、组织行为、成本管理、公司理论、流通及营销管理、质量管理、资本运营、跨国经营等工商管理的各个分支领域。

工商管理（专科起点本科）专业具有复合性、应用性的特点，强调实用性与理论性相结合，其知识结构设计既适应了开放教育学生的知识基础，又能体现本科的教学规律和教学层次，同时注意与 MBA 课程体系的衔接，使学生能够学以致用。因此，工商管理（专科起点本科）就业岗位广泛，毕业生有着很好的发展前景，社会经济各领域都有需求。学生的就业方向包括：各级经济综合管理部门或行业管理部门；中小型工商企业；各种类型的咨询服务及金融机构等。学生毕业后不仅可以在各类营利性组织（企业）就业，而且可以在各类非营利性组织就业。因此，工商管理（专科起点本科）专业的开设为广大拥有专科学历者重新选择职业、提高工作层次提供了机会，也满足了社会选择管理人才的需求。

4. 学习某专业需要学习哪些课程？修学多少学分？多少学时？

目前，国家开放大学高中起点本科专业最低修业年限 5 年，最低毕业总学分 140，最低毕业总学时 2520。专科起点本科专业最低修业年限 2.5 年，最低毕业总学分 72，最低毕业总学时 1296。高中起点专科专业最低修业年限 2.5 年，最低毕业总学分 78，最低毕业总学时 1404。

学生在学籍有效期内取得专业人才培养方案规定的毕业所需学分，思想品德鉴定符合要求，准予毕业并颁发国家开放大学毕业证书。学习高中起点本科专业和专科起点本科专业的学生，符合规定条件的，可申请授予相应的学士学位。

5. 哪些教师能帮助学生完成专业学习？如何与教师互动？

如果你想了解有哪些教师为你学习某专业提供学习支持服务，可以登录国家开放大学相关学部页面或者相关专业的主页，了解国家开放大学总部专业教师的学习背景、研究方向及发表成果、主持的课程等（如图 2-1 所示）。如果要了解国家开放大学分部、学院或学习中心该专业教师队伍情况，也可以直接点击和查看相关网页的师资队伍介绍。

如果想和某位教师互动，那么可以给该教师发邮件、登录该教师主持的课程论坛、参加该教师主持的实时视频教学活动等。

同学们可以登录国家开放大学学习网，通过学生空间进入课程端，通过各种形式（电话、邮件、论坛）与教师互动（如图 2-2～图 2-7 所示）。此外，同学们在学习之余最好尽快加入学习中心自己所在班级的 QQ 群或微信群，做简单的自我介绍，让教师和同学们尽快地了解你。

图 2-1　国家开放大学经济管理学院教学团队

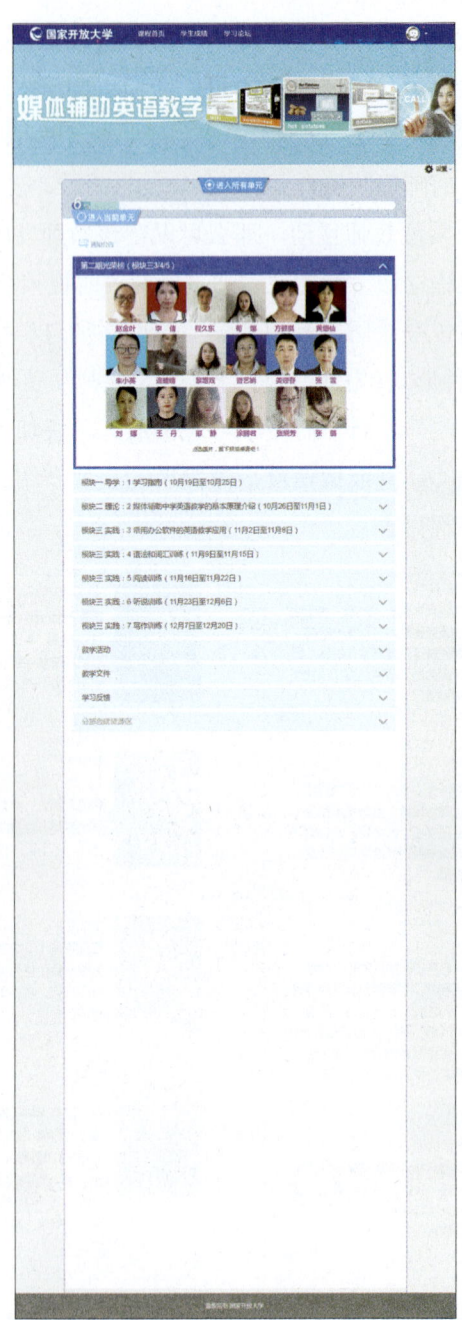

图 2-2 课程：媒体辅助英语教学（本 2019 春）(1)

学习活动二：完成专业学习 02

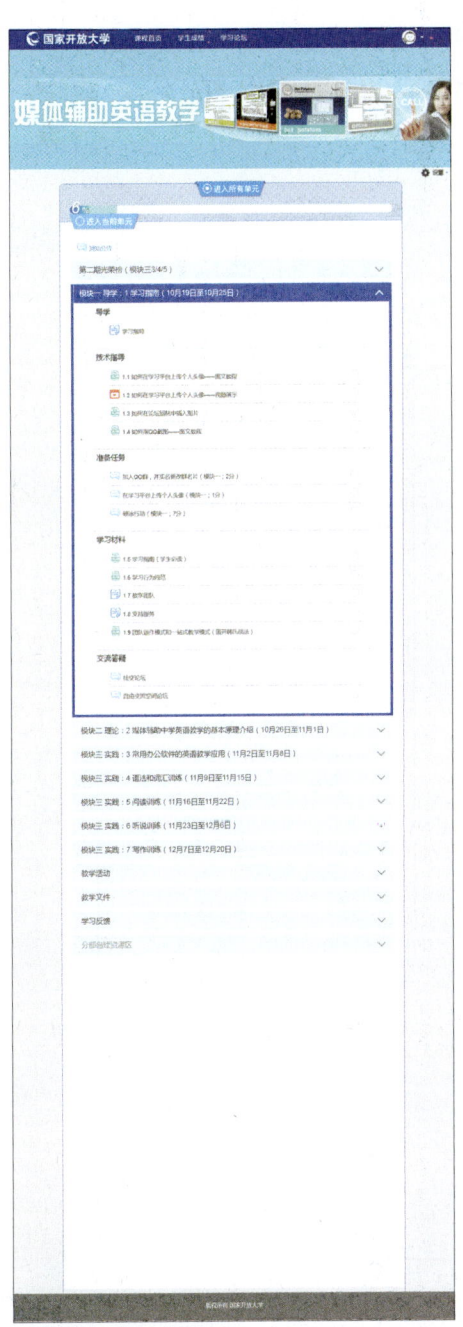

图 2-3　课程：媒体辅助英语教学（本 2019 春）(2)

图 2-4 课程：媒体辅助英语教学（本 2019 春）(3)

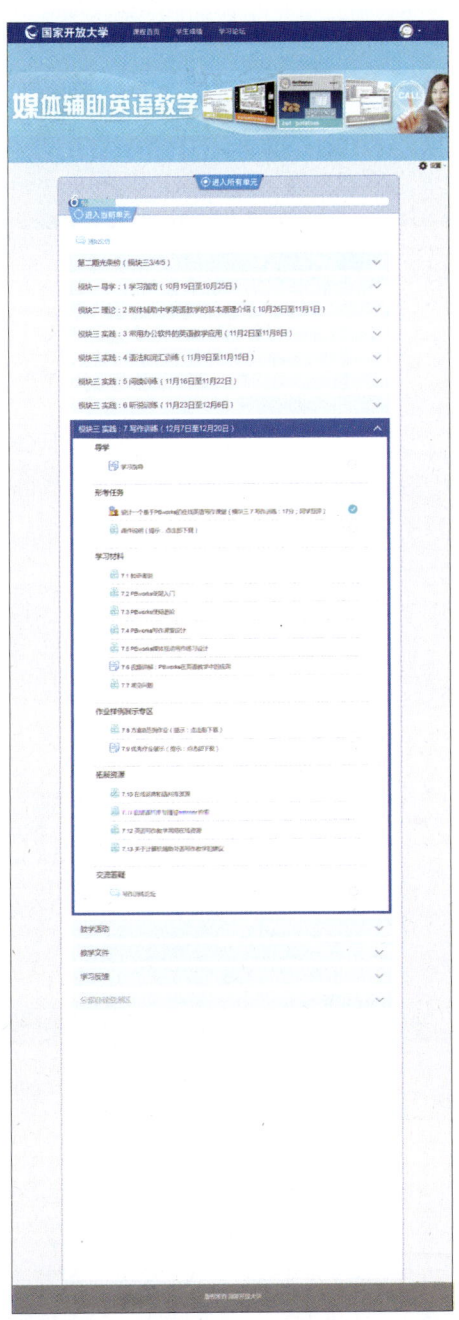

图 2-5　课程：媒体辅助英语教学（本 2019 春）(4)

图 2-6　课程：人文英语1，主题首页

学习活动二：完成专业学习　02

图 2-7　国家开放大学学习网论坛

评价与反思

请加入所学课程 QQ 群或微信群、班级 QQ 群或微信群，或登录课程论坛，做简单的自我介绍，让教师和同学们尽快地了解你。

任务二 专业学习过程与评价

专业学习需要多长时间？需要经历哪些过程和环节？

问题提出

1. 专业学习的修业年限要求如何？
2. 专业学习需要经历哪些过程和环节？
3. 专业综合实践的任务要求是什么？
4. 如何实现非学历证书与学历课程的学分转换？

问题解决

1. 专业学习的修业年限要求如何？

国家开放大学高中起点本科专业最低学习年限为五年，专科起点本科专业、高中起点专科专业最低学习年限为两年半，专业学习实行学分制，学生入学注册后八年内取得学分均有效。

2. 专业学习需要经历哪些过程和环节？

国家开放大学的学生通过学习网络课程、接受线上线下的实时辅导、自主阅读教材及进行专业实践活动等来完成整个专业的学习。专业学习大体要经历"入学—网络与面授混合式课程学习—课程形成性评价—课程实践—课程终结性评价—专业综合实践（含毕业论文）—毕业证书授予—学位申请及授予"环节。

3. 专业综合实践的任务要求是什么？

一般专业综合实践包括社会实践和毕业论文（设计）。毕业论文（设计）可以是学术论文、调研报告或专业案例分析等形式。

不同的专业对专业综合实践的要求也不同，你可以向国家开放大学分部或学习中心的责任教师、辅导教师进行咨询，或者点击课程端的专业综合实践或专业主页中的综合实践栏目，了解所学专业的实践要求及毕业设计要求。

例如，工商管理专科起点本科专业的综合实践要求是：完成社会实践（社会调查、管理实践、模拟实验）和毕业论文。

又如，会计学专科起点本科专业以培养具有较高素质的应用型人才为目标，重视会计实践性环节的教学。在会计学专科起点本科、高中起点专科专业中设置"会计模拟实验"和"会计管理模拟实验"综合实践课程，以提高会计学专业学生的实践操作技能。

再如，公共事业管理（学校管理方向）专科起点本科专业提倡学生通过学校教育、家庭教育、社区教育等开展行动研究、个案研究和调查等，完成公共事业管理（学校管理方向）专业实践。

4. 如何实现非学历证书与学历课程的学分转换？

国家开放大学可以将各专业人才培养方案中认可的国家职业资格证书、职业技能等级证书、岗位培训证书等成果转换成学历课程学分（转换的最高学分限制需遵循国家开放大学的免修、免考相关规定）。同时，国家开放大学部分专业与相关部委、行业机构合作，部分专业实现了学历课程替换行业证书。

例如，高中起点专科专业"工业分析技术"：

①满足以下条件，可取得化学品分析检验能力证书（5级）：

通过"无机化工产品品质检验""有机化工产品品质检验""精细化工产品品质检验""农用化工产品品质检验""化学实验室安全与环保""职业基本技能实训（1）"6门课程考核，考核成绩达60分（含）以上。

②已经取得化学品分析检验能力证书（5级），可以进行"无机化工产品品质检验""有机化工产品品质检验""精细化工产品品质检验""农用化工产品品质检验""化学实验室安全与环保"5门课程的免修、免考。

国家开放大学学分银行为国家开放大学学生提供终身学习账户管理服务。学生登录国家开放大学学分银行信息平台（http://cb.ouchn.edu.cn）可注册个人学习账户。该账户主要用于记录个人获得的各级各类学习成果（包括但不限于学历证书、国家职业资格证书、职业技能等级证书、培训证书、大赛奖励等）。符合要求的学生，通过登录个人学习账户可办理个人学习成果的认定、积累与转换业务。学生毕业后，学分银行仍将持续为有需求的人员提供学习成果管理服务，为个人升学、就业提供有公信力的学习成果认定证明。

国家开放大学学分银行信息平台（http://cb.ouchn.edu.cn）

学习活动二：完成专业学习 **02**

📝 评价与反思

1. 请你通过向国家开放大学分部责任教师或者学习中心辅导教师咨询，或查询国家开放大学相关网站，获得所学专业综合实践的内容及要求的相关信息。

2. 请结合本专业综合实践的内容及要求，与教师和同学们组织一次讨论，研讨学生应该如何为完成专业学习做好知识和技能方面的准备。要求讨论时做好记录，讨论后整理自己参与讨论的心得体会。

📖 拓展知识

课程实践和专业综合实践的含义

课程实践：学生在学习某门课程的过程中，为了促进其对知识的应用，鼓励其结合所学知识完成相应的实践任务。例如，将所学知识应用于实践场景中的观察、现场操作、调查或设计等任务。完成课程实践任务后要进一步反思所学和所做，促进对课程知识的应用和巩固。课程实践根据课程考核说明的要求，可作为课程考核的一部分。

专业综合实践：学生在学习了大部分专业课程之后，根据专业综合实践的任务要求，综合运用各专业课程所学的知识，完成相应的实践任务，如社会调查、专业实习、毕业设计等。完成相应的实践任务，成绩合格后，可获得专业综合实践的学分。

任务三 学位授予及转学

问题提出

1. 各专业申请学位的资格条件是什么？
2. 转学、转专业的相关政策要求是什么？

问题解决

1. 各专业申请学位的资格条件是什么？

2015 年 7 月，经向北京市学位委员会申请，国家开放大学具有了学士学位授予权。从 2017 年开始，入学学生毕业时在符合一定条件基础上，将授予国家开放大学学士学位。

(1)申请条件。

①拥护中国共产党的领导，拥护社会主义制度，热爱祖国，遵纪守法，品行端正。

②较好地掌握本学科的基础理论、专业知识和基本技能，并具有承担专门技术工作和从事科学研究的初步能力。

③达到教学计划规定的毕业要求，经审核符合以下学术水平要求者，可授予学士学位。

a. 指导性教学计划进程表中的必修课平均成绩75分及以上。

b. 学位论文成绩良好（或80分）及以上。

c. 非英语类专业学生申请国家开放大学学士学位时，须通过以下任意一种外语考试：

第一，国家开放大学非英语类专业学士学位英语考试；

第二，国家开放大学组织的北京地区成人本科学士学位英语考试；

第三，国家开放大学组织的合作高校相应专业学士学位英语考试（适用于对应专业）；

第四，全国大学英语四级考试（425分及以上）；

第五，全国英语等级考试三级（PETS-3）及以上笔试（不含口试）。

d. 英语和商务英语专业学生申请国家开放大学学士学位时，须通过以下任意一种外语考试：

第一，国家开放大学英语类专业学士学位英语考试；

第二，由对外经济贸易大学命题、国家开放大学组织的学士学位英语考试；

第三，全国高校英语专业四级（TEM-4）及以上；

第四，全国大学英语六级考试（425 分及以上）；

第五，全国英语等级考试四级（PETS-4）及以上笔试（不含口试）。

④有下列情况之一者，不得授予学士学位：

第一，在读期间受到学校留校察看及以上纪律处分或触犯法律受到处罚者；

第二，在读期间存在考试作弊和抄袭他人成果等严重违反学术诚信行为者。

（2）重新申请。

学生在学位申请过程中，如因不符合学位授予条件未通过学习中心审核，可以办理延期毕业，补考相关课程、重新参加学位外语考试或重新参加论文答辩，符合要求后再次申请学位。但如果是学位评定委员会决定不授予学位的学生，则不能再次申请学位。

（3）毕业 2 年内可以申请。

学生毕业时已满足学位授予条件但未提出学位申请，可在毕业之日起 2 年内申请学士学位，但只能申请一次。

2. 转学、转专业的相关政策要求是什么？

如果因为工作岗位变动、工作地点调动或家庭搬迁等，需要转换学习地点或转换专业，可以办理转学或转专业手续。

（1）办理转学时需要注意：

①拟转入的学习中心开设了相同专业且教学进程相近。

②学生本人要在学期开学后 3 周内（含第 3 周）向学籍所在学习中心提出申请，并填写"国家开放大学学生转学审批表"。

③学生须持"国家开放大学学生转学审批表""课程结业证书"到转出、转入的学习中心办理转学手续。

④转学后，先前已获得的符合所修专业教学计划要求和学分替换要求的考试课程成绩及学分仍然有效，并按实际成绩和学分记载。

⑤转学后，学籍有效期仍从入学注册日期开始计算。

⑥入学后第一个学期不能转学。

⑦申请转学的同时可以申请转专业，但须同时符合转专业的条件。

（2）办理转专业时需要注意：

①拟转入专业与转出专业属于同等学力层次，本科转专科还应是同科类相近专业。高中起点本科与专科起点本科不可互相转换。

②所在学习中心开设了拟转入专业。

③先前学习与工作经历符合拟转入专业的相关要求。

④学生本人要在学期开学后3周内（含第3周）向学籍所在学习中心提出申请，并填写"国家开放大学学生转专业审批表"，经国家开放大学分部审核批准后，即可办理转专业手续。

⑤转专业后，先前所学课程中符合转入专业教学计划要求和学分替换要求的考试课程成绩及学分仍然有效，并按实际成绩和学分记载。

⑥转专业后，学籍有效期仍从入学注册日期开始计算。

⑦入学后第一个学期不能转专业。

⑧申请转专业的同时可以申请转学，但须同时符合转学的条件。

对于转学同时需要转专业的，需要同时满足转学和转专业的要求，既要求转入的学习中心有相应的专业，符合转入专业对入学资格等方面的特别要求，还要求在同等学力层次之间转换。

评价与反思

请查询你所选择的专业申请学位的资格条件是什么。与一位申请过学位的学长建立联系，向其请教在学习和申请学位过程中需要注意哪些事项。请把查到的资格条件和与学长的交流心得整理出来，发布到论坛与同学们交流讨论。

拓展知识

> 国家开放大学实行学年学分制，学籍有效期为8年。学生在学籍有效期内可以通过课程注册合理地安排学习。
>
> 国家开放大学的学生可以自愿退学。由学生本人向学籍所在学习中心提出申请，学习中心审核批准后，即可退学。
>
> 自愿退学的学生可重新报名参加国家开放大学学习，学生原来获得的学分，可按免修、免考的有关规定进行课程或学分替换。

学习活动三：完成课程学习

课程学习是同学们学习的重要环节。接下来让我们一起了解如何在国家开放大学学习网（简称"学习网"）和"国开在线"App上学习课程吧。

任务一　进入课程学习

老师好，听说我们的学生空间界面很精彩！

你好，小闫。你说对了，让我带你们进入学生空间界面吧。

🔍 问题提出

1. 如何登录学习网?
2. 如何在学习网上学习课程?
3. 如何在"国开在线"App 上学习课程?

📖 问题解决

1. 如何登录学习网?

打开网页浏览器,在浏览器地址栏中输入国家开放大学学习网地址(http://www.ouchn.cn),如图 3-1 所示。

```
http://www.ouchn.cn/
```

图 3-1　浏览器地址栏

然后按回车键,打开国家开放大学学习网首页(如图 3-2 所示)。学习网首页有 9 个区域是学生应该关注的,如图标号所示。

1——登录按钮,将鼠标指针放在登录按钮上,下拉框弹出登录菜单,分别是"学生登录、教师登录、管理员登录"。用鼠标单击"学生登录"即可打开学生空间登录页面,输入学号、密码后单击"登录"即可进入个人空间进行学习。

2——移动端下载,为便于同学使用手机同步学习课程,此处提供"国开在线"App 下载通道。将鼠标指针放在移动端下载按钮上,弹出二维码菜单,分别是"App 下载、微信公众号"两个二维码。利用手机微信、QQ 或自带的"扫一扫"功能,将手机摄像头对准需要扫描的二维码,手机即可自动跳转至 App 下载或微信公众号页面。"国开在线"App 分苹果系统手机和安卓系统手机两个版本。

3——学校简介区，此处采用图文结合的形式介绍了国家开放大学的办学理念、学校特色、基本概况。国家开放大学是教育部直属的，以促进终身学习为使命、以现代信息技术为支撑、以"互联网+"为特征，面向全国开展开放教育的新型高等学校。

4——国开学习助手，用鼠标单击图标即可打开与国开学习助手对话的页面，学生在页面下方的对话框中输入问题，即可得到国开学习助手的解答。

5——通知公告区，列出了学习网近期教学信息和校园活动的通知公告，用鼠标单击信息文字或活动图片即可浏览具体内容。

6——直播课堂，列出了近期国家开放大学即将直播的课程，学生可以看到近期国家开放大学有哪些课程即将直播，主讲教师是谁，以及直播时间。在课程开始后，学生用鼠标单击该课程即可进入课程直播页面进行课程学习。往期精彩栏目列出了已经结束直播的课程，学生用鼠标单击该课程进入课程直播页面后，可以收看课程回放。

7——学生故事，展示了优秀学生的学习事迹，比如北京奥运会火炬手、北京残奥会形象大使董明，高位截瘫没有摧毁她的生活，她不断学习，砥砺前行，用爱心温暖身边无数的人。

8——国开大数据，以学期、月、日为单位展示了国家开放大学各分部、各行业学院生均请求数和生均流量的排名情况。请求数即学生浏览学习网的次数，流量即学生浏览学习网过程中产生的数据量。

9——常见问题，从报名、考试、毕业、转学等几个学生疑问较多的方面，就学生经常提出的问题给予解答。

图 3-2　国家开放大学学习网首页

2. 如何在学习网上学习课程？

在学生空间首页的"在学课程"区域，用鼠标单击课程名称右侧"进入学习"（如图 3-3 所示）或"课程学习"，即可打开该课程内容页面。

图 3-3　学生空间进入课程按钮位置图

各门课程的页面结构一致，均由功能区和课程内容区两部分组成。下面以"毛泽东思想和中国特色社会主义理论体系概论"课程为例对学习方法进行介绍。

"毛泽东思想和中国特色社会主义理论体系概论"课程学习页面如图 3-4 所示，图中标示为"1"的区域是课程学习区域，按章节顺序分章节呈现了导学资料、课程资源、测试题、疑难解答、拓展资料。图中标示为"2"的区域是辅助学习功能，包括本课程的学习指南、学习论坛、问题库、教学团队、我的成绩。

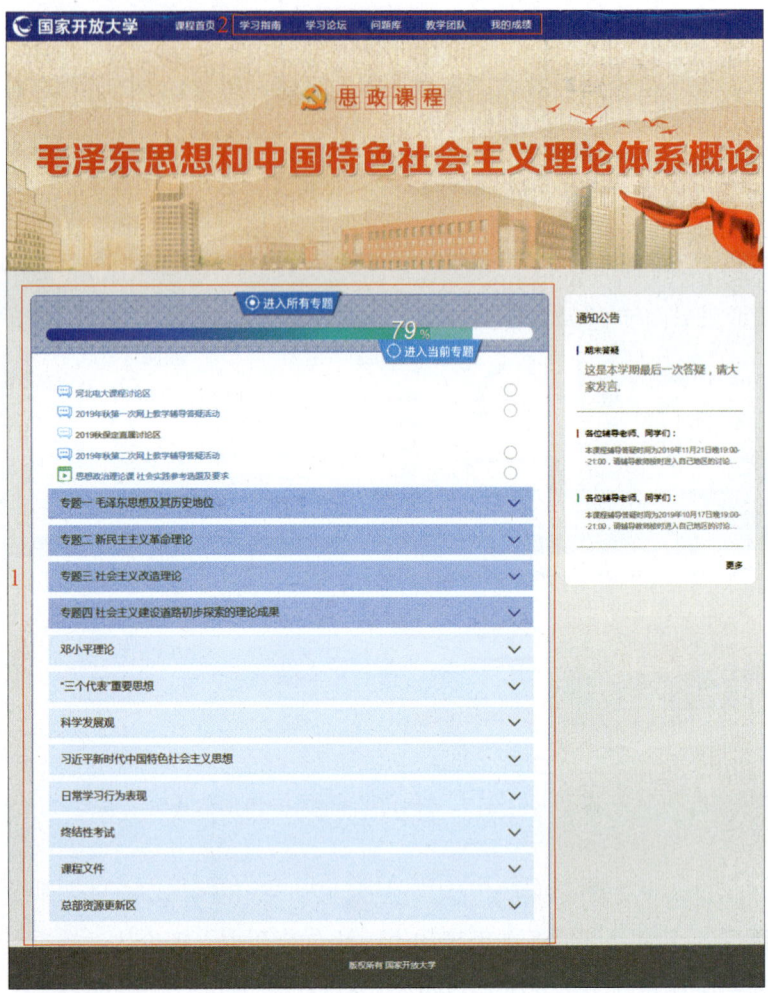

图 3-4 "毛泽东思想和中国特色社会主义理论体系概论"
课程学习页面

(1) 课程学习区域介绍。

"毛泽东思想和中国特色社会主义理论体系概论"课程每一专题的主要学习步骤分为以下五步:

第一步：学习导学资料，了解本专题学习目的、需要学习的资源和学习路径，如图 3-5 所示。

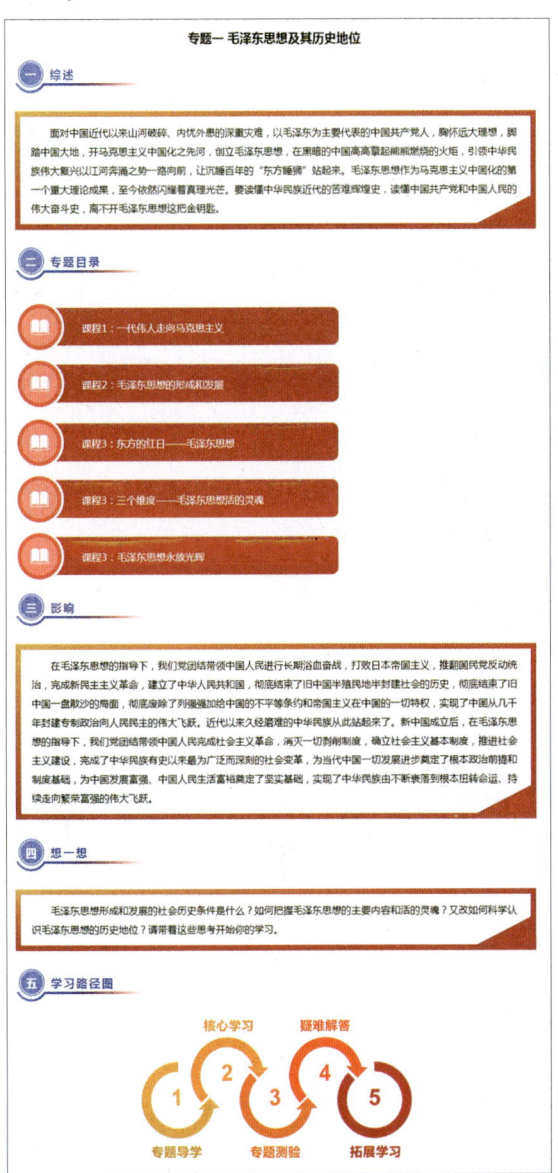

图 3-5　导学资料页面

第二步：浏览课程视频和文本学习资源，如图 3-6 所示。

图 3-6　课程视频和文本学习资源页面

第三步：完成专题测验即形成性测评任务，如图 3-7 所示。

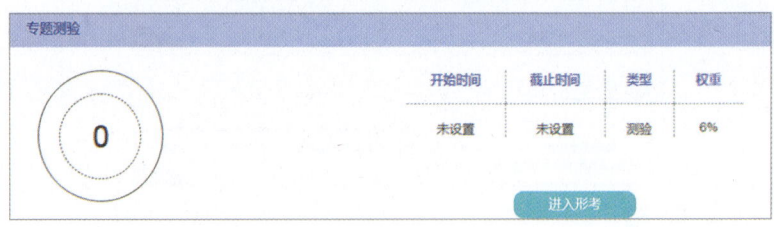

图 3-7　专题测验页面

第四步：进一步学习课程的疑难点知识，如图 3-8 所示。

> **三** 如何理解毛泽东思想活的灵魂的科学内涵及其相互关系？
>
> 以毛泽东为代表的中国共产党人在实现马克思主义与中国革命和建设实际相结合的第一次历史性飞跃中，形成了具有自己特色的立场、观点和方法。但是，具有中国共产党人特色的立场、观点、方法，究竟包括哪些方面，它们的基本内涵、基本要求是什么？在一个较长时间内，我们党没有作出比较系统、完整的论述，也没有把它们提到"灵魂""精髓"这样的高度，突现它们的本质意义。以邓小平为核心的第二代领导集体在总结历史经验的基础上重新审视、构建毛泽东思想科学体系时，第一次把这些具有中国共产党人特色的立场、观点、方法概括为实事求是；群众路线和独立自主，并称之为"毛泽东思想的活的灵魂"。这一概括，既继承了马克思主义经典作家的一脉相承的思路，科学反映了毛泽东思想的本质与特征；又是对马列主义、毛泽东思想的一个重要贡献。它不仅使长期以来党和毛泽东强调的中国共产党人特有的马克思主义的立场、观点、方法有了系统、完整、清晰、明确的科学表述，而且以其创造性的内容丰富了马克思主义思想宝库。

图 3-8 疑难点解答页面

第五步：学习拓展知识，进一步加深对知识的理解，如图 3-9 所示。

> **拓展学习**
>
> 案例：
>
> ### 天安门城楼上的毛泽东主席画像要永远保留下去
>
> 党的十一届三中全会后，随着拨乱反正的开展，"左"的错误逐步被纠正。随着真理标准问题讨论的深入，个人迷信的禁锢被打破。在当时，既有部分人仍未摆脱个人崇拜的影响，不愿意接受毛泽东犯有这样错误的事实，也有一部分人把一切错误归罪于毛泽东个人，恶意诽谤毛泽东，否定毛泽东思想，否定中国共产党的领导和社会主义制度。1973年3月30日，邓小平在党的理论工作务虚会上发表题为《坚持四项基本原则》的讲话，鲜明地提出了必须坚持社会主义道路、坚持无产阶级专政、坚持共产党的领导、坚持马列主义毛泽东思想，对来自左和右的两个方面的错误思潮进行了批评。针对当时出现的反对毛泽东思想的错误思潮，邓小平指出："毛泽东同志同任何别人一样，也有他的缺点和错误。但是，在他的伟大的一生中的这些错误，怎么能够同他对人民的不朽贡献相比拟呢？在分析他的缺点和错误的时候，我们当然要承认个人的责任，但是更重要的是要分析历史的复杂的背景。只有这样，我们才是公正地、科学地也就是马克思主义地对待历史、对待历史人物。"
>
> 法拉奇是一位善于抓住时机采访国际政坛风云人物闻名世界的记者，曾采访过20多位国家元首和政要。她个性执着，提问题刁钻刻薄，异常尖锐，有时简直是挑衅性的，被许多政治家公认为是"是很难对付的"。1980年8月21日，在人民大会堂118厅，邓小平就如何评价毛泽东接受了法拉奇的采访。采访中，法拉奇单刀直入，开口就问：天安门上的毛主席像是否要永远保留下去？
>
> 邓小平毫不含糊，十分干脆地回答：永远要保留下去。过去毛主席像挂得太多，到处都挂，并不是一件很严肃的事情，也并不能表明对毛主席的尊重。尽管毛主席过去有段时间也犯了错误，但他终究是中国共产党、中华人民共和国的主要缔造者。拿他的功和过来说，错误毕竟是第二位的。他为中国人民做的事情是不能抹杀的。从我们中国人民的感情来说，我们永远把他作为我们党和国家的缔造者来纪念。

图 3-9 拓展学习页面

（2）辅助学习功能介绍。

①学习指南：介绍课程内容，并从学什么、怎么学、怎么考三方面介绍课程学习方法。

②学习论坛：用于师生针对本课程知识进行讨论、分享。

③问题库：汇集了同学们在课程学习中常遇到的一些问题和解决办法。

④教学团队：介绍本课程的课程组长、辅导教师和主持教师的姓名及所在单位。

⑤我的成绩：介绍本课程形成性测评、日常学习行为表现、终结性考试等任务的要求，并呈现各任务的成绩结果。

（3）课程实践。

部分课程增加了实践环节，实践环节是国家开放大学教学过程的重要组成部分，也是培养学生的实践能力和创新意识、实现应用型人才培养目标的重要教学环节。国家开放大学的实践环节一般包括课程实践和专业综合实践两部分。课程实践一般包括课程实务、课程实验、案例分析、课程社会调查、课程大作业、实践性课程等。

以模拟实验为例，该实验通过软件程序模拟一些真实实验或实践场景，比如计算机网络技术实验（如图 3-10 所示），可通过鼠标拖曳的方式将实验操作区中的计算机图片与网卡图片等连接起来，连接完毕单击"完成"按钮，计算机屏幕的中间会出现提示语"正确"或者"错误"。

> 小提示：为什么课件打不开？

学习活动三：完成课程学习　03

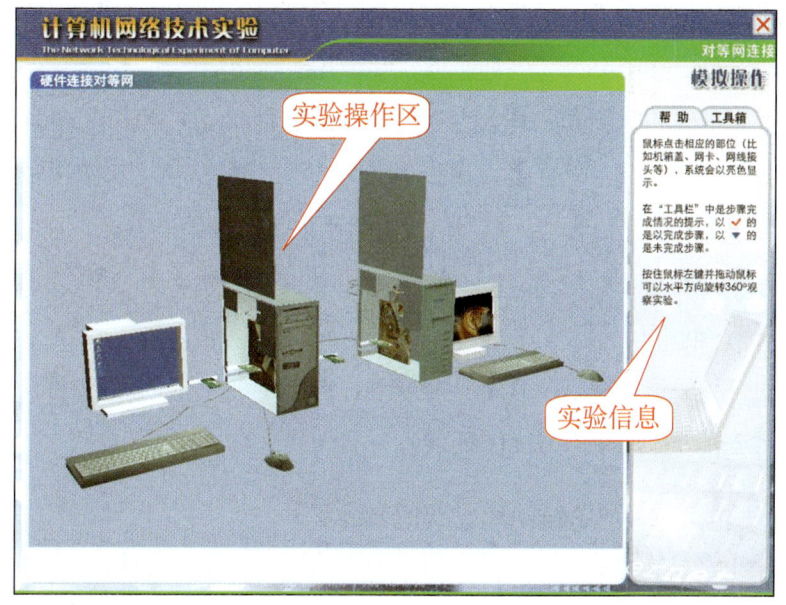

图 3-10　模拟实验资源示意图

课件无法打开可能是多种原因造成的，以下提示也许可以帮助你顺利地打开课件：

①浏览器存在问题，建议用 6.0 版本以上的 Internet Explorer 来打开课件。

②浏览器禁止了 Active 插件。请在浏览器设置中启用 Active 插件。

③没有安装打开课件所需要的软件。常见的课件类型有 PPT、Word、Flash、PDF 等。请在网上搜索能够打开或播放该类型课件的软件，并正确安装后，再尝试重新打开课件。

3. 如何在"国开在线"App 上学习课程？

（1）"国开在线"App 简介。

"国开在线"App 是由国家开放大学开发的移动学习应用程序，通过它，学生可以在手机、平板电脑上学习课程，学习进度与在计算机上学习同步。"国开在线"App整合了对外宣传、移动学习、移动办公、咨询服务、学银在线等功能，面向社会公众全面呈现和宣传国家开放大学教育教学事业，面向国家开放大学全体教师和在籍学生提供移动学习支持，同时还集成了机构办公自动化系统，更好地为教职工提供移动办公服务。

"国开在线"App为学生提供了全面的移动学习支持。学生借助App可以观看课程视频、浏览课程文件、提交作业、交流互动、参加测验等。该App还为学生提供了多种多样的社交功能，营造良好的虚拟学习社区氛围。

（2）"国开在线"App操作说明。

①下载安装。学生可以扫描国家开放大学学习网首页上的专用下载二维码，并按提示下载安装"国开在线"App；iOS系统用户可以直接在Apple App Store中搜索"国开在线"并下载安装。

② App首页概览。打开"国开在线"App首页，学生可以看到App包含4个横向标签导航，分别是"首页""学习""消息"和"我的"，如图3-11所示。

"国开在线"App首页推介国家开放大学优质学习资源和特色课程。首页最上方"焦点图"栏目结合时下热点推送优质五分钟课程资源和特色课程。"云课堂""五分钟课""农民大学生""农村干部""老年大学"等是

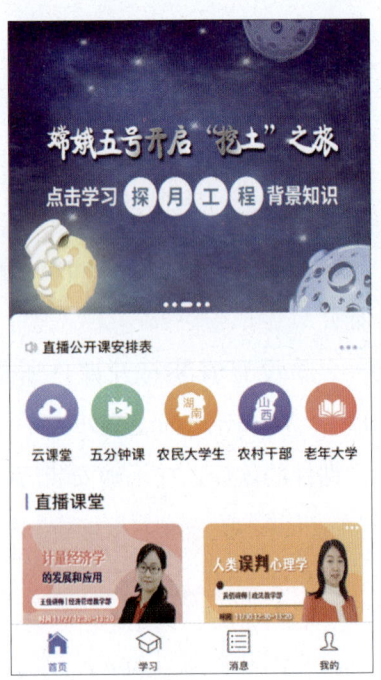

图3-11　"国开在线"App首页

国家开放大学教育教学的特色频道,广大师生和社会公众通过这些频道可以随时掌握国家开放大学教育教学实时动态,了解优质视频微课和其他特色课程。"直播课堂"栏目展示了国家开放大学近期部分精选直播预告,学生还可以通过"直播公开课安排表"进一步了解近期更多直播预告和往期直播回看。"热门课程"栏目推送国家开放大学选课人数多、活跃度高的课程,免费开放,供社会公众试学。最下方"推荐"栏目精选各类短文,推送名人榜样、健康知识、实用技能等。

③登录。点击"我的"标签,进入登录页面,如图3-12所示。

学生点击登录页面上的"立即登录"按钮即可用学号和密码登录。在如图3-13页面中填写用户名和密码即可登录App。

图3-12 "国开在线"App登录页面

图3-13 登录页面

④查看在学课程。学生点击"学习"标签,进入学习空间页面,在这里学生可以查看本学期在学课程,如图3-14所示。学习方式与计算机端学习方式一致,学习进度与计算机端学习进度同步。

⑤课程学习。在学习空间页面中选中要学习的课程,点击课程标题进入该课程页面,如图3-15所示。

在课程页面中,学生可以选择学习课程资源、参与讨论,或者参加测验。

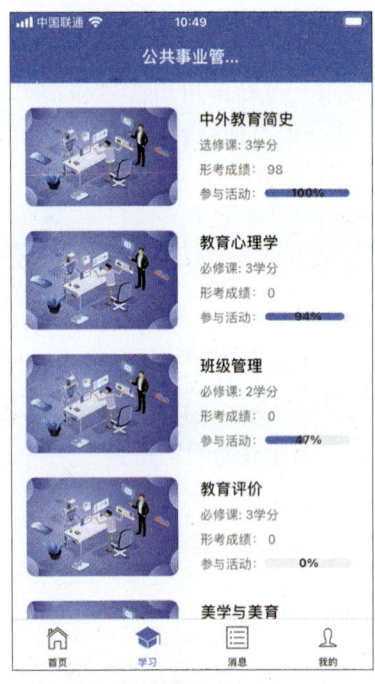

图3-14 "国开在线"
App学习空间页面

图3-15 "国开在线"
App课程页面

⑥消息。学生点击"国开在线"App消息标签,即可打开各门课程同学列表,点击同学姓名就可以打开聊天界面,如图3-16所示。

学习活动三：完成课程学习

⑦ "国开在线"App "我的"页面是个人页面，学生信息与计算机端学生信息同步。学生在这里可以查看个人信息、学籍信息、学分和成绩数据，还可以针对在使用 App 过程中遇到的问题和其他问题提交反馈意见，如图 3-17 所示。

图 3-16 "国开在线"App 消息页面

图 3-17 "我的"页面

评价与反思

1. 当你进入一个课程的学习界面后，你会比较关注哪几个栏目？为什么？

2. 课程学习一般需要哪些步骤？

任务二 关于课程考试

问题提出

1. 课程考核采用什么方式?
2. 形成性考核有哪些基本形式?
3. 终结性考试有哪些形式?
4. 形成性考核任务如何完成?
5. 学生考试违纪将受到什么处罚?

问题解决

1. 课程考核采用什么方式?

①国家开放大学依据课程考核在学生学习过程中所处阶段的不

同，将课程考核分为形成性考核和终结性考试两种方式。在学习过程中进行的学习测评为形成性考核；学习完一门课程后进行的考核为终结性考试。

②课程考核成绩由形成性考核成绩与终结性考试成绩按照各门课程规定的比例合成计算。

③国家开放大学的课程考核，除了传统的纸笔考试、面试、论文、作品等，还有计算机辅助测试：形成性考核在国家开放大学学习网上完成，终结性考试通过网络考试系统完成（如图3-18所示）。

图3-18　国家开放大学网络考试平台

形成性考核是对学生学习过程中学习行为、学习效果等的评价。形成性考核作为记载学生课程总成绩的一部分，可以更全面地测评学生的学习效果，便于教师有针对性地进行个别学习辅导，也有利于学生及时发现和弥补学习中的薄弱之处。

终结性考试就是期末考试，一般安排在每年的1月和7月进行。国家开放大学实行滚动开课，每学期都会安排考试。终结性考试需在课程学习过程完成后才能参加。如果学生的课程考试不及格，也不必过于担心，还可以参加下学期或以后学期相同科目的考试。

2. 形成性考核有哪些基本形式？

形成性考核的基本形式有：阶段性学习测验（包括撰写小论文、研究报告、案例分析、学习总结，也可以是类似考卷的测试任务）、教学实践活动、专题讨论、学习记录等。

3. 终结性考试有哪些形式？

终结性考试主要有闭卷、开卷、半开卷3种形式。

4. 形成性考核任务如何完成？

学生学过某个或某些章节知识点的资源后，需要完成本阶段的形成性考核任务。形成性考核任务一般位于课程首页的左侧（如图3-19所示）。

（1）如何进行阶段性测验？

在学习网中，最常见的任务形式是类似考卷的测试任务。它一般是大家在学习过程中自我测试并即时获得成绩的一种作业形式，试题类型一般以客观题为主，包括单项选择题、多项选择题、判断题等。全部做完后单击"提交所有答案并结束"，可以查看本次任务总成绩及每道小题对应的答案解析。测验

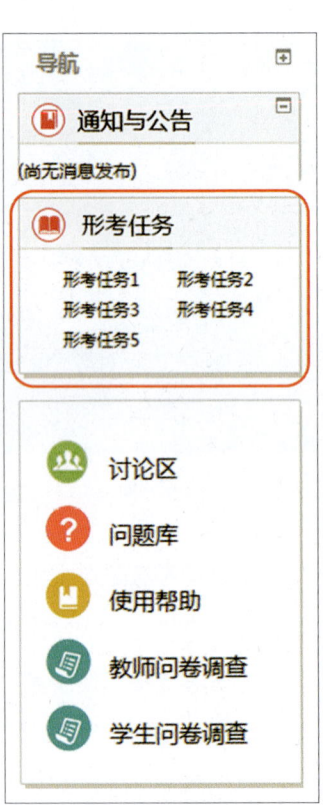

图3-19 "国家开放大学学习指南"形成性考核任务列表

一般允许提交 3 次，系统默认记录最高成绩。其主要操作步骤如下。

第一步：浏览测验要求。在阶段性测验作业的首页，大家可以看到本次测验的具体要求，包括题型、题量、允许提交次数、最晚作答时间、评分方法等。单击测验要求下方的"现在参加测验"按钮即可进入测验答题页面。

第二步：完成测验。在测验答题页面中，大家可以看到所有的测验题目。完成所有题目后，单击"结束答题"按钮，这样就完成了一次阶段性测验作业（如图 3-20 所示）。

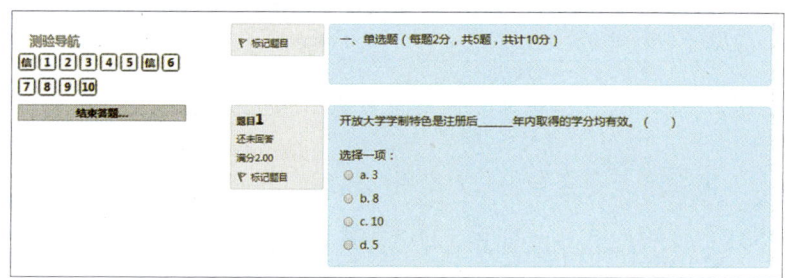

图 3-20　阶段性测验作业页面

（2）如何完成文本作业？

文本作业是大家按照要求通过文本编辑器在线编辑或将离线完成的作业在线提交的文本类作业形式，包括提交所收集的资料、小论文、学习报告等作业类型。其主要操作步骤如下。

第一步：浏览作业要求。在在线文本作业的首页（如图 3-21 所示），大家可以看到本次作业的具体要求，包括考核内容、分数、作业截止时间等。单击作业要求下方的"添加提交"按钮即可进入作业在线编辑页面。单击作业要求下方的"修改提交作业"按钮可对已提交的作业进行修改。

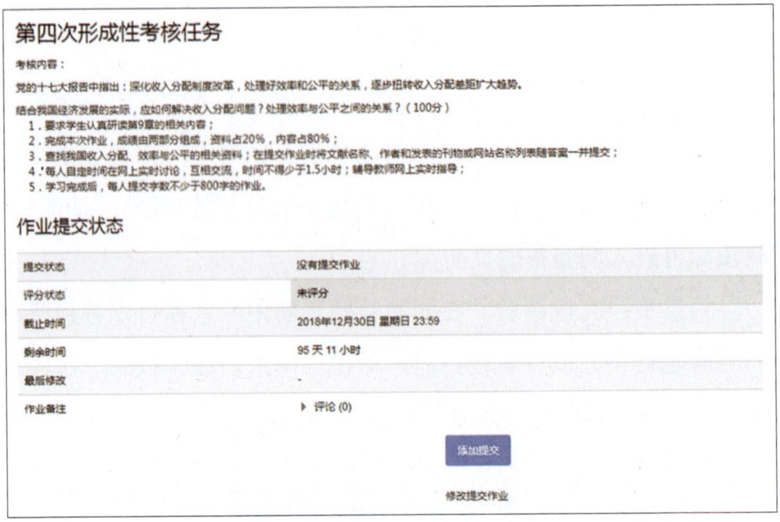

图 3-21　在线文本作业首页

第二步：提交作业。大家用文本编辑器完成作业或者将离线作业上传后，单击页面下方的"保存更改"按钮，就完成了此项作业。

（3）如何完成专题讨论？

专题讨论这类作业，要求同学们在讨论区与教师或同学进行学习交流和讨论，教师根据大家发帖或回帖的内容进行评价。单击作业名称进入讨论话题页面，在讨论话题页面中单击"开启一个新的话题"按钮，就可参与讨论。单击同学话题名称，在同学发帖内容下方单击"回复"按钮，就可以回复同学的发帖。

> 小提示：形成性考核作业无法提交怎么办？

形成性考核作业无法提交主要有三方面原因：第一是超过了作业截止时间造成作业无法提交，大家可以与自己的任课教师联系；第二是上传文件不符合要求，比如文件容量超过上限，大家可以按照要求修改后再次上传；第三是计算机网络速度较慢导致作业无法上传，大家可以在提升网络速度后再次上传，或到国家开放大学分部、学习中心当地的网络教室完成作业上传。

根据课程内容的不同，教师布置了不同类型的形成性考核作业，除了以上3种，还有多人协同写作、互动评价、离线作业、高级文件上传等作业类型，请大家同样按照先浏览作业要求，再按要求作答的步骤完成。

5. 学生考试违纪将受到什么处罚？

国家开放大学对考生考试违纪有明确的处理规定。学生违反考试纪律、找他人代考、代替他人考试等，根据情节，将分别受到取消课程成绩、取消学士学位申请资格、开除学籍等处罚。

评价与反思

完成一次形成性考核作业，看看你的课程里需要完成的作业数量和完成时间。

拓展知识

1. 考试方式

依据在考试时是否允许学生携带、使用相关的学习资料参加考试，考试分为开卷、半开卷和闭卷3种方式。

其中，开卷考试允许带教材等资料进入考场，但不允许互相讨论，须由个人独立完成答卷；半开卷考试只允许学生带指定的资料进入考场参加考试；闭卷考试不允许学生带任何学习资料进入考场，考生必须根据自己对知识的理解和掌握独立作答。考试时间一般为 60~120 分钟。

考生参加考试时必须携带的证件有：身份证、学生证和准考证。其中，准考证在考试前一般由班主任或教学部门发放，准考证上会注明考生的基本信息及考试科目、时间、地点等内容。

2. 留考

如果你报考的两门或两门以上课程被安排在同一时间考试，你可以按规定的考试时间先参加其中一门课程的考试，这门课程考试结束后，学校会为你安排时间和考场进行另一门课程的考试，这种方式叫作留考。关于留考的科目，准考证上会标注出来，请一定注意查看。

在进入考试周之前，你需要认真了解考试的有关事项和要求，认真检查考试时间安排表。如果你参加考试的科目在时间上有冲突，要及时向教师反映，以便考前妥善解决或进行留考安排。

3. 课程免修、免考与补修

①课程免修、免考。如果你在参加国家开放大学学习之前或者参加国家开放大学学习的过程中，学习了不低于现在所学教育层次的课程，并且成绩合格，可以向教学点申

请免修国家开放大学相关课程。

作为申请免修的替代课程，其专业层次、教学内容、教学要求和学分值应不低于被替代课程的专业层次、教学内容、教学要求和学分值，替代后成绩按"合格"记录，学分按现修专业中被替代课程所规定的学分记录。

国家开放大学各专业的必修课程总学分中，允许免修的学分上限与替代课程的类型有关，具体的替代方法也有所不同，详见表3-1。

表3-1　各课程类型可替代国家开放大学课程总学分比例

课程类型	替代必修总学分比例	替代方法
国家开放大学课程	100%	免修、免考
国家自学考试课程	40%	免修、免考
合作高等学校课程	100%	免修、免考
其他高等学校课程	50%	免修、不免考

需要提醒的是，免修、免考可以帮你节省一定的学习时间，一定要高度关注。此外，对于免修、免考的课程，你一定要及时申请，认真填写申请表格，并提交相关的证明材料。关于免修、免考的具体规定可以查阅国家开放大学免修、免考管理办法，或向当地教学点的教师咨询。

②课程补修。如果你注册了国家开放大学本科某专业的学习，而原先所学专科专业与现修专业有很大不同，那么在开始本科学习之前，你需要补充学习一些课程，从而为你本科阶段的学习打下必要的基础。这一补充学习课程

的活动叫作课程补修，补充学习的课程叫作补修课程。只有补修课程全部合格，才能获得毕业资格。

课程补修一般安排在寒暑假进行。学习方式有自学和面授辅导等，考核方式一般有闭卷考试、考查等。

如果你之前已经学习修读专业所设的补修课程，并且达到相关的教学要求，那么可持相关证书或单科成绩合格证申请补修课程的免修。具体程序与方法可向当地教学点的教师咨询。

任务三　课程学习中的互动与分享

老师，平时我们怎么和老师、同学联系呢？

有很多途径，比如QQ群、论坛等都能实现与老师、同学的联系和交流。

学习活动三：完成课程学习 03

🔍 问题提出

学习中常用的沟通工具有哪些？

🔍 问题解决

学习中常用的沟通工具有哪些？

（1）课程讨论区。

课程讨论区是大家通过网络发表意见的系统，也叫BBS（Bulletin Board System），是网络中的公告板。大家通过计算机键盘输入文字等方式，在讨论区中发布信息、讨论、聊天等，如图3-22所示。

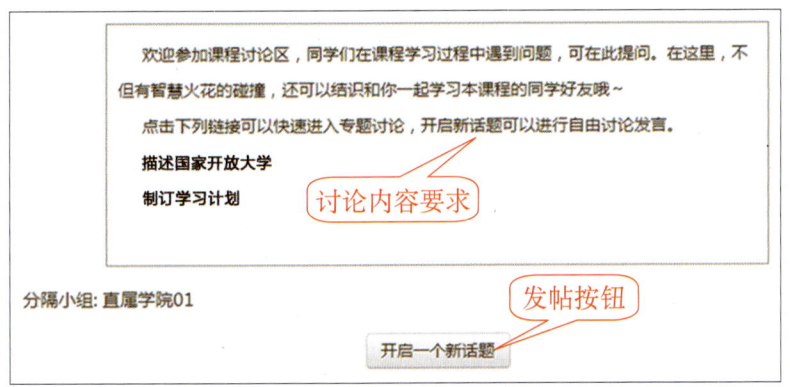

图3-22 课程讨论区页面

（2）博客。

"博客"一词是从英文单词"Blog"翻译而来的。"Blog"是"Weblog"的简称，"Weblog"就是在网络上发布和阅读的流水记录，通常称为"网络日志"，简称"网志"，如图3-23所示。

博客的基本功能包括发布个人日志、收藏网页和其他博客、对其他人的博客进行评价、订阅博客等。

图 3-23　博客页面

(3) 微信群。

微信群是多人聊天交流的一个平台,可以通过网络快速发送语音短信、视频、图片和文字。大家可以通过微信与同学们进行形式上更加丰富的联系。

评价与反思

通过课程论坛或 QQ 群等工具尽快与你的学习伙伴建立联系吧,学着在讨论区里发个破冰的帖子,让大家尽快熟悉起来吧!

CHAPTER 4 学习活动四：网上学习操作技能

基于互联网的远程教学是国家开放大学开展教学活动的主要途径，掌握必要的网上学习操作技能对于学生顺利完成课业有很大帮助。现在我们一起来了解国家开放大学的网上学习方式，掌握网上学习的基本操作技能和常用工具的使用方法。

任务一　上网基本技能

听说很多课程资源都是放在网络上的，可我之前没有网上学习的经验呀，很担心自己不能顺利完成课业。

别担心，咱们一起去请教一下老师吧。

🔍 问题提出

1. 如何使用搜索引擎找到你想要的网络资源?
2. 如何从网上下载文件?
3. 如何收发电子邮件?

问题解决

1. 如何使用搜索引擎找到你想要的网络资源?

在网络上查找资料时,通常情况下,我们不知道包含我们所需要内容的网页在哪里,这时就需要借助搜索引擎。搜索引擎是快速获取信息的有效工具,但需要我们掌握对网络信息可信度、有效性进行鉴别的本领。主流搜索引擎有 Bing、百度(Baidu)、搜狗(Sogou)等。

使用搜索引擎很简单,只需要在浏览器地址栏输入搜索引擎的网址。例如,百度的网址是"http://www.baidu.com",浏览器会显示搜索框页面,我们在搜索框中输入关键词,然后单击"百度一下",浏览器就会显示搜索结果。通常搜索结果是按照相关度排序的,最相关的结果放在页面的最上方(有时候最上方会显示几条广告,要注意区分)。我们可以通过这些搜索结果的链接逐个浏览网页。

搜索引擎按其工作方式主要可分为 3 种,分别是全文搜索引擎、目录索引类搜索引擎和元搜索引擎。上面提到的 Bing、百度(Baidu)就是全文搜索引擎。目录索引是按目录分类网站链接列表,用户仅靠分类目录就可以找到需要的信息。目录索引类搜索引擎中最具代表性的是雅虎，国内的搜狐、新浪、网易搜索都属于这一类。元搜索引擎在接受用户查询请求时，也会在其他多个引擎上进行搜索，并将结果返回给用户。著名的元搜索引擎有InfoSpace，中文元搜索引擎中具有代表性的是搜星搜索引擎。

2. 如何从网上下载文件？

有时候我们想把网上的文件保存起来，这就需要把文件下载下来。如果想要保存HTML文档、图片等，我们把鼠标光标放在文档或图片上，单击鼠标右键，选择"另存为"，在弹出的对话框中输入文件名并选择存放位置，然后单击"保存"，就可以开始下载了。如果网页上有下载链接，那么我们只需要单击链接，在弹出的对话框中进行类似的设置，就可以下载了。

3. 如何收发电子邮件？

（1）注册电子邮箱。

收发电子邮件是人们互通信息的重要途径。与以前的纸质信件有收信地址、发信地址一样，使用电子邮件也需要我们自己和我们要联系的人都有邮箱地址。注册电子邮箱很容易，我们在新浪、网易等网站上都可以注册免费邮箱。电子邮箱地址的格式如：zhangsan@163.com。

（2）收取电子邮件、阅读电子邮件。

要收取别人发送给我们的电子邮件，我们首先要登录自己的电子邮箱。通常在我们的电子邮箱页面中有"收信"按钮，单击该按钮，我们就会看到已收到邮件的列表。通常列表中的邮件按到达时间倒序显示，最新到达的邮件显示在列表的最上面。我们单击列表中的邮件标题，就可以阅读邮件的详细内容了。

（3）发送电子邮件、上传附件。

发送电子邮件与以前写纸质信件基本上是一样的，只不过电子邮件几乎瞬间就可以送达。发送电子邮件时，我们首先要登录电子邮箱，然后单击"写信"按钮，在写信页面中，填写邮件主题、收件人电子邮箱地址、邮件正文，单击"发送"，邮件就会发送出去。我们也可以在电子邮件界面中通过附件的方式把文件发送出去。我们只需要单击"上传附件"按钮，在弹出的对话框中确定文件的存放位置，选中待上传的文件，然后单击"确定"，就可以上传附件了。

评价与反思

通过以上内容，你是否掌握了本节开始时提出的几个问题？如果掌握了，那么请自己动手练一练吧。

任务二　网上学习操作

学习活动四：网上学习操作技能　04

🔍 问题提出

1. 登录学生空间的方式是什么？
2. 学生空间中有哪些学习功能？如何进行相应的操作？

📖 问题解决

1. 登录学生空间的方式是什么？

登录学生空间的方式有两种：

方式一：通过国家开放大学学习网直接登录。

首先在浏览器地址栏中输入国家开放大学学习网网址 (http://www.ouchn.cn)，点击右上方的"学生登录"按钮，打开登录页面，在登录页面中输入用户名、密码，登录学生空间。

方式二：通过国家开放大学门户网站登录。

首先打开国家开放大学门户网站首页 (http://www.ouchn.edu.cn)(如图 4-1 所示)，单击网站右上角"学习平台"按钮打开学习网页面，然后单击页面右上方的"学生登录"进行登录。

> 小提示：密码忘记了怎么办？

如果忘记密码，可以在登录页面上找到"忘记密码"，在页面上输入个人信息中登记的电子邮箱地址或手机号，我们会向你的电子邮箱或手机发送一个验证码，利用这个验证码可以重置登录密码。如果通过以上方法仍无法登录平台，请联系你的班主任，请他帮助你重置密码。

图 4-1　国家开放大学门户网站首页

2. 学生空间中有哪些学习功能？如何进行相应的操作？

在学习网首页登录后，进入学生空间页面。学生空间汇集了在学课程、已学课程、学分和成绩、学籍信息查询等功能，并增加显示了在学课程的进度和提醒信息，便于同学掌握自己就读专业的总体情况和课程学习进度。

学生空间主要由首页、成绩、考务、直播、更多、图书馆、帮助、账户设置8个页面组成，页面切换按钮位于学生空间的上部，如图4-2所示。各页面功能简介如下：

学习活动四：网上学习操作技能 04

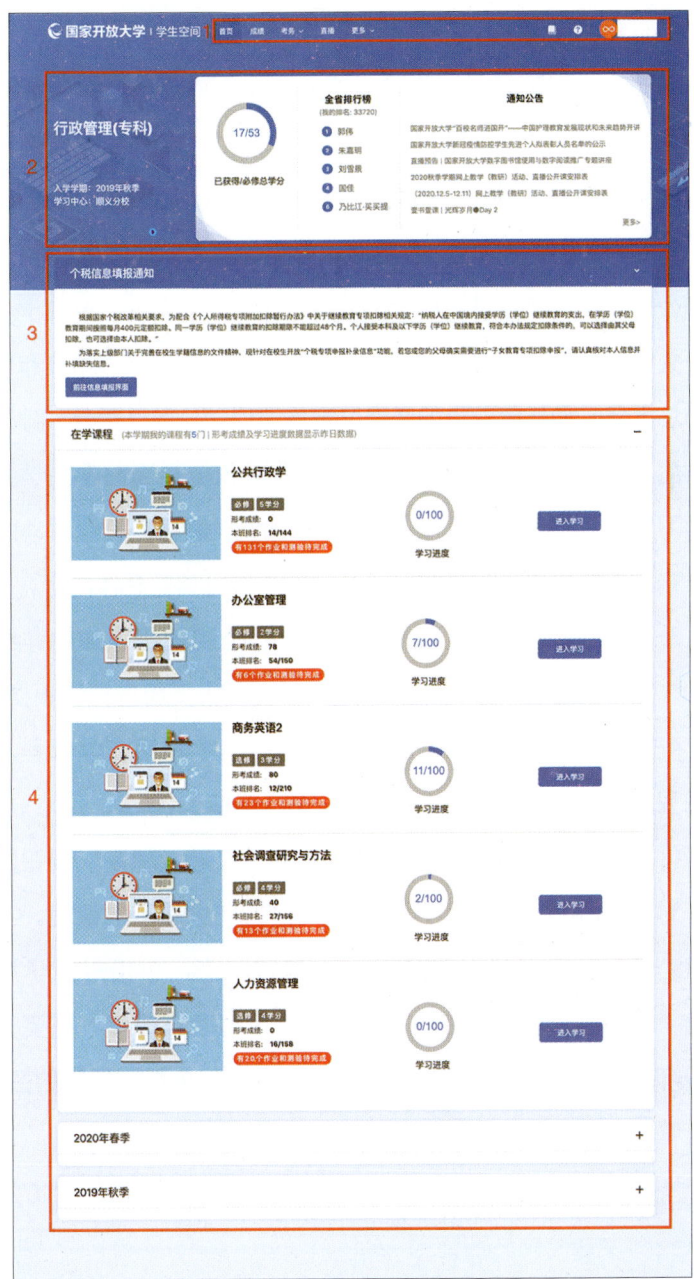

图 4-2　学生空间首页

（1）首页。

首页有 4 个区域是同学们应该关注的，如图 4-2 标号所示。

1——页面切换按钮区域，鼠标单击文字或图标可直接切换至对应页面，或者弹出下拉列表选择后弹出对应页面。

2——信息展示区域，主要展示学籍信息、学分信息、排行榜、通知公告。学籍信息包括所学专业、层次、入学学期、所在学习中心等关键信息。学分信息包括已获得的必修、选修课程学分和已获得的总学分，最低应获得的必修、选修课程学分和总学分。排行榜为学生在全国、全省学生中的排名，排名依据是当前学期学生上线学习天数。通知公告列出学习网近期教学信息和校园活动的通知公告，用鼠标单击信息文字或活动图片即可浏览具体内容。

3——个税信息填报通知区域，显示个税填报通知的详细内容，学生可以通过下方按钮直接进入个税填报页面进行填报操作。

4——在学课程和已学课程区域，列出本学期在学课程，每门课程还直观地呈现了课程性质（必修/选修）、学分、形考成绩、本班排名、作业和测验提醒。用鼠标单击"进入学习"按钮即可打开对应课程页面。同时，按学期列出已完成学习的课程。在默认状态下，以往学期的课程列表是隐藏状态，单击对应学期右侧的"+"图标可展开该学期的已学课程列表。例如，需要查看2019 年春季学期的已学课程，点击图 4-3 中红色框所标示的图标，可查看该学期课程。

2019年春季	+

图 4-3　查看已学课程

已学课程显示结果如图 4-4 所示。

图 4-4　已学课程显示结果

(2) 成绩。

学生在成绩页面（如图 4-5 所示）可以看到所学专业已获得学分情况，以及已完成的必修、选修课程成绩。

图 4-5 学生空间成绩页面

（3）考务。

目前，学生空间只链接学位外语考试，学生可以在线报名、缴费。后续会在此处添加其他考务相关功能。

（4）直播。

该页面有直播课堂和历史课程两个列表，其中直播课堂是近期直播课程的预告列表，历史课程是往期直播的回看列表。通过点击"观看地址"，学生可以前往观看直播或者回看录播。

（5）更多。

该页面包括学籍、教材订购、评价&问卷、个税专项申报信息补录等功能。单击"更多"，可在下拉列表中选取页面，如图4-6所示。

其中学籍页面呈现学生个人的学籍详细信息，包括姓名、学号、状态，基础信息、学籍信息等，其显示如图4-7所示。

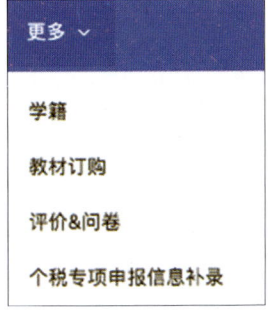

图4-6　学生空间"更多"下拉列表

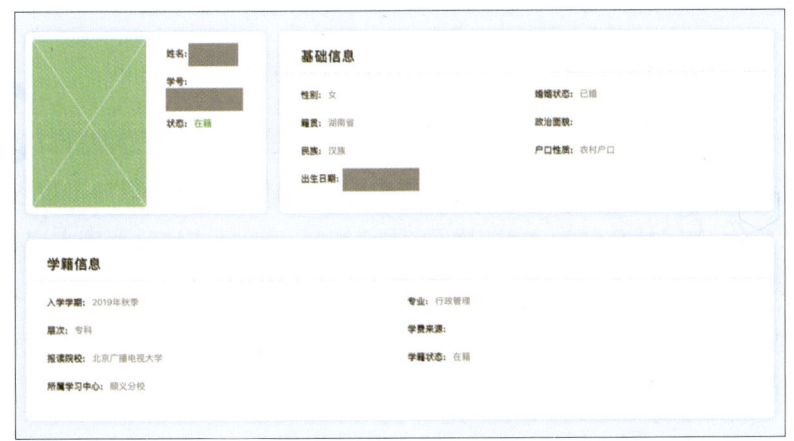

图4-7　学生空间学籍详细信息页面

教材订购可以在线购买教材；评价&问卷是在线完成问卷调查或学习评价；个税专项申报信息补录是为便于部分学生申请个

税减免，学生可以利用此功能进行信息核准以及申报相关信息补录，如图4-8所示。

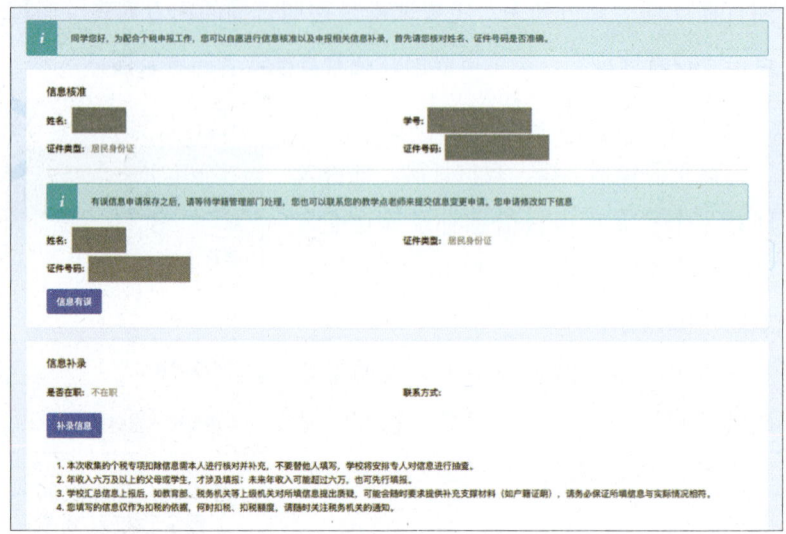

图4-8　学生空间个税专项申报信息补录页面

（6）图书馆。

该页面链接了国家开放大学数字图书馆。该页面链接的国家开放大学数字图书馆包含新时代中国特色社会主义思想知识服务平台、中国社会科学文库、知网、维普期刊、万方数据库、百度文库、超星数据库、喜马拉雅、世界艺术鉴赏库等数十个知名数字文献资料库，对全体学生24小时免费开放使用。

（7）帮助。

该页面列出了登录退出、形考成绩、形考任务、课程资源等方面的常见问题及其解答。单击图4-9中红色框所表示的图标，即可进入帮助页面，如图4-10所示，单击各分类对应的"+"图标可展开详情页面。

图4-9　学生空间帮助页面图标

图4-10　学生空间帮助页面

（8）账户设置。

在该页面可以更换个人头像，修改登录密码。单击首页右上角姓名，弹出账户下拉列表，如图4-11所示。

单击"账户设置"，进入账户设置页面，如图4-12所示，可以在此页面点击图中红色框所表示区域上传个人头像，可在页面左侧修改账户安全设置，如修改密码，绑定安全邮箱和绑定安全手机等。

图 4-11 账户下拉列表

图 4-12 学生空间账户设置页面

评价与反思

请大家在学生空间中查询教务信息,熟练掌握各项学习功能的操作。

学习活动四：网上学习操作技能　04

任务三　常用上网工具

问题提出

我们完成网上的学习需要哪些工具来支持？

问题解决

我们完成网上的学习需要哪些工具来支持？

网上学习经常用到的一些软件和应用是我们的学习工具。

（1）浏览器。

浏览器是用来浏览网页的软件，我们可以通过浏览器访问国家开放大学学习网。主流浏览器有Chrome浏览器、IE浏览器、QQ浏览器、搜狗高速浏览器和Firefox浏览器等。有时候网络课程并不能很好地兼容所有浏览器，如果你学习的课程出现显示错位等问题，不妨换一个浏览器或将浏览器升级至最新版本再试一下。

（2）下载及解压缩工具。

常用的下载工具有迅雷、电驴等，它们都具有较快的下载速度。为了节省空间和缩短信息在网络上的传输时间，往往需要对文件做压缩处理。我们在使用压缩文件时，需要进行解压缩操作，这时就需要用到解压缩软件，常用的解压缩软件是 WinRAR。

（3）文本显示、影音播放工具。

学习资源的类型和技术格式多种多样，所以，在使用不同的学习资源时需要用到的软件也是不同的。常用的文本显示软件有 MS Word（用于 Word 文件）、MS PowerPoint（用于 PPT 文件）、Adobe Reader（用于 PDF 文件）等。音视频资源可以利用 Media Player、KMPlayer、暴风影音等主流影音播放软件播放。

（4）交流工具。

交流工具主要有 QQ、微博、微信、论坛等。这些交流工具提供的文本即时通信、小组讨论、社交网络等功能在我们的学习过程中能发挥促进交流互动的作用。

（5）国家开放大学数字图书馆。

当我们需要查找资料时，国家开放大学数字图书馆为我们提供了很大的便利。数字图书馆重点引进了满足远程教育教学需要的电子书数据库和全文期刊数据库。我们利用数字图书馆提供的电子书数据库，可以检索和获取需要的书籍内容；利用数字图书馆的全文期刊数据库，可以检索和获取学术论文。

评价与反思

请大家想一想还有哪些上网工具是常用的，可以和你的同学进行交流讨论。

拓展知识

随着移动互联网的普及，手机、平板电脑等移动终端为移动学习提供了便利。下面介绍几种在移动终端中常用的网上学习应用软件。

浏览器类：Chrome、UC、终端自带浏览器等，用于浏览课程网页。

输入法类：搜狗输入法、百度输入法、QQ输入法等，用于移动终端快捷的文字输入。

学习应用类：Moodle Mobile等专门为移动设备开发的移动客户端应用产品。

CHAPTER 5 学习活动五：学生事务服务

同学们，通过前面四个活动的学习，相信你们对如何在国家开放大学学习有了一个整体的认识。为了帮助大家提高思想政治意识，解决学习中的各种困难，丰富课余生活，学校向大家提供了体贴、周到的学生事务服务。现在我们一起来了解一下什么是学生事务，学校提供了哪些服务，学生怎样才能获得学校的这些服务。

任务一　了解学生事务服务

老师，学生事务服务是什么意思啊？

就是学生事务管理与学习支持服务。下面就让我带领大家一起了解和体验学生事务服务的具体内容吧。

学习活动五：学生事务服务 05

🔍 问题提出

1. 哪些机构和部门提供学生事务服务？
2. 学校提供的学生事务服务主要包括哪些方面？

📖 问题解决

1. 哪些机构和部门提供学生事务服务？

在国家开放大学，学生事务服务一般由各级办学机构的学生事务管理部门承担。目前，学校基本建立了覆盖各级办学机构、较为完善的学生事务管理组织体系，负责学生的事务管理和支持服务。

如图 5-1 所示，国家开放大学学生事务管理组织体系按照办学层级主要分为 3 个层级：国家开放大学学生工作与教师发展部、分部学生事务管理部门和学习中心学生事务管理人员。它们的基本情况如下：

①国家开放大学学生工作与教师发展部负责规划和管理各分部和学习中心的学生事务服务，制定学生事务服务的各项规章制度，组织开展全国范围内的学生活动，开展学生思想政治教育工作及各类学生奖助评优工作，提供基于网络的远程咨询服务。

②分部学生事务管理部门和国家开放大学学生工作与教师发展部的职责相似，各项业务主要在所属的学习中心范围内开展。

③学习中心是学生学习和活动的主要场所，其学生事务管理人员是学生事务管理和服务的直接承担者，工作职责为执行总部和分部的相关制度，组织学生参加各项课外活动。

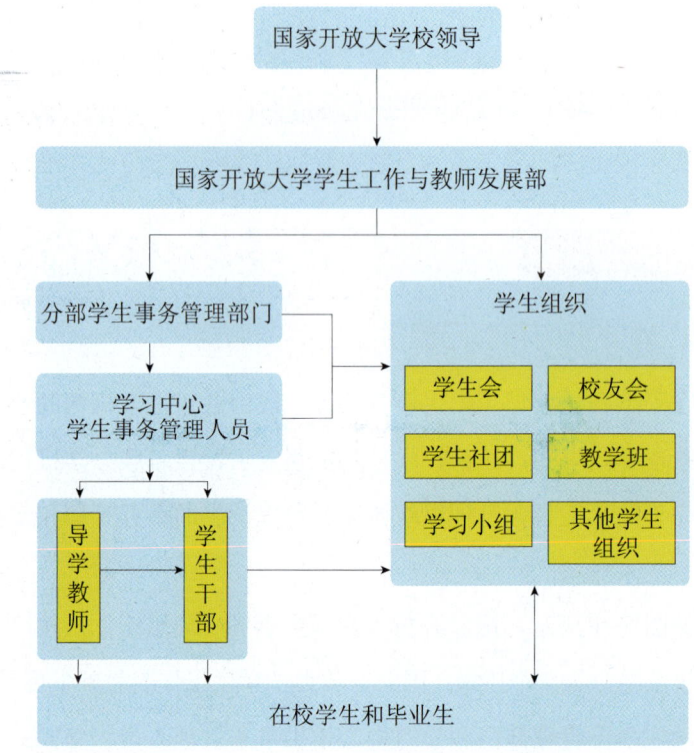

图 5-1 国家开放大学学生事务管理组织体系

此外，学生组织是由学生建立和管理的自治团体，是国家开放大学学生工作体系的重要组成部分，包括学生会、校友会、学生社团、教学班、学习小组和其他学生组织等。

在学习过程中，学生接触最多的是学习中心的导学教师、学生干部和各类学生组织，他们与学生联系最密切，直接为学生处理相应的事务和提供各类支持服务。

2. 学校提供的学生事务服务主要包括哪些方面？

为了适应学生的学习和发展需求，学校提供了多样化的服务。

学校开展的服务项目包括评优、奖（助）学金、学生活动、其他服务、虚拟学生社区等方面。这些服务的目的是激发学生的学习动力，消除学习的障碍和困难，增进大家的交流互动，丰富校园文化生活。我们为学生提供的服务项目如图5-2所示。

图5-2　国家开放大学学生事务服务项目

如图5-2所示，评优主要包括优秀毕业生、优秀学生、优秀学生干部等评选。总部设立的奖（助）学金包括国家开放大学奖学金、"长征带"教育精准扶贫专项奖学金、"长征带"教育精准扶贫工程助学金。学生活动包括各种文体活动与学科竞赛，如

"我的学习故事"演讲大赛、杰出校友征集等。学校建立了虚拟学生社区，设立了个人空间、网上班级、学生论坛、校友录等栏目，为学生营造良好的网上校园文化。此外，学校还为特殊学生群体提供相应的服务，为学生提供心理咨询与辅导、职业生涯规划等个性化服务。

评价与反思

国家开放大学学生事务服务的内容主要有哪些方面？除此之外，你还希望学校提供哪些服务？

任务二　参加学生活动

学习活动五：学生事务服务　05

🔍 问题提出

1. 国家开放大学总部一般都组织什么样的学生活动？我们如何参加这些活动？

2. 国家开放大学分部和学习中心都有哪些学生活动？我们如何参加这些活动？

3. 学校是否有各类学生组织，都有哪些类型的学生组织？

📖 问题解决

1. 国家开放大学总部一般都组织什么样的学生活动？我们如何参加这些活动？

学校总部组织了多次全国范围的学生活动，如"我的学习故事"演讲大赛、"感动你我　美在身边"学生摄影大赛、"同心战疫　书写青春"防疫抗疫征文、杰出校友征集、首届学生英语口语大赛、学生校园活动展播等活动。

2020 年，国家开放大学首次获得"互联网+"大学生创新创业大赛参赛资格，在第六届中国国际"互联网+"大学生创新创业大赛职教赛道的比赛中，兵团分部的《仿声科技——用"有爱"创造"无碍"》项目在新疆自治区赛中获得金奖，在总决赛现场赛 78 个项目的激烈角逐中斩获银奖。辽宁分部、浙江分部、湖南分部、青海分部的 5 个项目摘得铜奖。此外，经过校赛、省赛等环节，国家开放大学办学体系共有 16 个分部的 59 个项目获得省级奖项，其中金奖9个、银奖21个、铜奖29个，在国家开放大学办学体系内掀起了创新教育与创业实践的一次高潮。

这些活动得到了各分部和学习中心学生的积极响应、热情参与，活跃了开放教育校园文化氛围，产生了良好的社会影响。图5-3～图5-7展示了这些活动的精彩瞬间。此外，国家开放大学还会充分利用网络，组织各类在线学生活动。

图5-3　第六届中国国际"互联网+"大学生创新创业大赛颁奖典礼

图 5-4　国家开放大学首届学生英语口语大赛总决赛颁奖典礼

图 5-5　国家开放大学"我的学习故事"演讲大赛总决赛颁奖现场

图5-6　国家开放大学"我的学习故事"
演讲大赛在中国网的投票页面

学习活动五：学生事务服务　05

图 5-7　国家开放大学杰出校友风采展示页面

2. 国家开放大学分部和学习中心都有哪些学生活动？我们如何参加这些活动？

在总部的带动下，分部结合学生的特点和需求，开展了丰富多彩的学生活动。例如，浙江分部积极参加国家开放大学组织的

"百万学生同上一堂国家安全教育课"活动,在西湖边组织了"快闪"活动;深圳分部倡导"参与、互助、奉献、进步"的义工精神,开展了一系列公益活动(如图5-8所示);安徽分部结合网络优势,举办了"电大好声音"

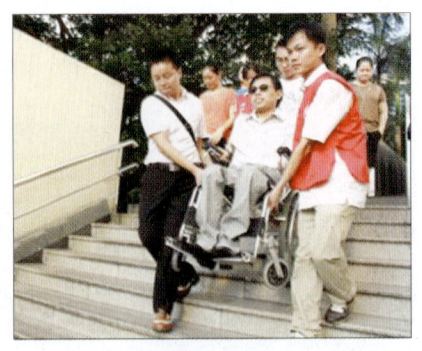

图5-8 深圳分部学生志愿者为同学们服务

校园网络歌手大赛;四川分部举办了"镜显正能量 放飞电大梦"微视频大赛(如图5-9所示);北京分部东城分校为加强学生之间的交流,模拟电视真人秀节目,举办了"奔跑吧,同学"活动(如图5-10所示)。

图5-9 四川分部微视频大赛作品——《村支书的大学》

学生所在的学习中心也会定期组织相应的课外活动。学生在紧张学习之余,可以关注相关信息,积极参加学生活动,培养和提升自己的综合能力,增进与其他同学的友谊。

图 5-10　北京分部东城分校"奔跑吧，同学"活动现场

3. 学校是否有各类学生组织，都有哪些类型的学生组织？

为了满足学生在学习之余进行交流和兴趣培养的需求，促进学生的成长和发展，许多分部都建立了各类学生组织，如学生会、学生社团和校友会等。

目前，许多分部建立了学生会，制定了章程和规章制度，组织了丰富多彩的学生活动。国家开放大学实验学院（北京）于2006年成立了学生会，并创建了学生会论坛。上海分部41家学习中心全部成立了学生会，每年召开全系统学生会干部培训大会。深圳分部学生会设立了学生会下设主席团、秘书部、学宣部、文艺部。广东分部珠海学院于2011年成立了班长协会，制定了协会章程，编辑了《追逐太阳》刊物。广州分部组建了专业类社团12个、兴趣类社团10个。

近些年，学生社团在各分部和学习中心得到了较快发展，部分分部的学生社团已初具规模，受到了学生的欢迎。如深圳分部设立了民族舞社团、爵士舞社团、合唱社团、摄影社团、吉他社团、义工社团、英语社团。陕西分部延安分校成立了延安电大开放教育学生会、开放教育班委会、开放教育传统文化社团、开放教育自然科学社团、开放教育社会科学社团、开放教育兴趣小组社团，它们都开展了丰富多彩的活动，形成了一定的品牌和影响力。

许多分部和学习中心建立了校友会，组织各地的校友开展活动，为校友提供继续学习和职业发展的服务。天津分部在校友会基础上组织建立了校友联盟。校友联盟以项目合作的方式开展工作，为校友提供项目展示、合作签约等方面的帮助与服务（如图5-11所示）。

图5-11　天津分部校友联盟活动现场

广东分部成立了校友会，开通了校友网，创办了《广东电大校友通讯》；福建分部成立了校友总会，并开设专题网页，发行校友刊物《电大校友》。

评价与反思

1. 国家开放大学总部组织了哪些全国范围的学生活动？
2. 你希望学校成立哪些类型的学生组织或学生社团？

拓展知识

各类活动网页地址

http://sites.ouc-online.com.cn/xzcyds/
国家开放大学第六届中国国际"互联网+"大学生创新创业大赛专题网页

https://cy.ncss.cn/
全国大学生创业服务网

http://49.4.80.138:8099/index.htm
国家开放大学思政类校园学生活动展播

http://xuesheng.ouchn.cn/sheying2019/
国家开放大学"感动你我 美在身边"摄影大赛学生获奖作品展示

http://xuesheng.ouchn.cn/xzds/
国家开放大学首届学生英语写作大赛

http://www.ouchn.edu.cn/gsgl/
国家开放大学工商管理案例设计与分析大赛

http://xuesheng.ouchn.cn/9195aea9-324f-4669-a7a8-898c0f7d0cb3/
国家开放大学"我的学习故事"演讲大赛获奖作品展示

http://xuesheng.ouchn.cn/a635d904-639b-4a91-ab1f-10980ee9128c/
国家开放大学护理病例大赛

http://ou.china.com.cn/node_553272.htm
国家开放大学学生校园活动展播

任务三 如何寻求帮助

🔍 问题提出

1. 在学习过程中遇到问题，应该通过哪些方式进行咨询？
2. 如果在校期间权益受到侵害，该如何投诉？

🔍 问题解决

1. 在学习过程中遇到问题，应该通过哪些方式进行咨询？

国家开放大学总部设立了远程接待中心（如图5-12所示），通过在线咨询、邮件服务、电话咨询、论坛服务、问卷调查等多种方式，为学生和社会求学者提供信息查询、问题咨询、业务受理、投诉受理等服务。远程接待中心服务业务分两方面：一是随时接受学生关于平台登录，报名咨询，免修、免考，学分替换，毕业条件，学位申请等方面的问题咨询；二是接受国家开放大学分部、学习中心、教师及学生的投诉及建议。

图5-12　国家开放大学远程接待中心网页

可以通过以下途径获得远程接待中心的帮助。

网址：http://callcenter.ouchn.cn

电话服务：400-810-0090

传真服务：010-57519288

邮箱服务：server@crtvu.edu.cn

信函服务：北京市海淀区复兴路75号国家开放大学远程接待中心

邮政编码：100039

2. 如果在校期间权益受到侵害，该如何投诉？

如果学生在校期间权益受到侵害，可以向上级办学机构进行投诉。国家开放大学总部的投诉受理机构包括远程接待中心、教学督导邮箱和信访办公室。

教学督导邮箱主要针对学校的教学和教学管理等方面的举报投诉。

教学督导邮箱：Jxdd@crtvu.edu.cn

国家开放大学总部信访办公室受理学生在学习过程中的各类投诉，及时帮助学生解决相关的问题。

投诉邮箱：tous@crtvu.edu.cn

评价与反思

1. 国家开放大学远程接待中心可以帮你解决哪些问题？

2. 在权益受到侵害时，你可以通过哪些方式向国家开放大学总部投诉？

学习活动五：学生事务服务 05

任务四　如何获得奖励

问题提出

1. 国家开放大学总部设立了哪些奖（助）学金？申请条件是什么，怎样申请？

2. 国家开放大学各分部设立了哪些类型的奖（助）学金项目？

3. 国家开放大学总部设立的学生评优项目有哪些？该如何申请？

4. 国家开放大学总部对优秀毕业生如何奖励、表彰和宣传呢？

5. 国家开放大学各分部和学习中心设立了哪些学生评优项目？

问题解决

1. 国家开放大学总部设立了哪些奖（助）学金？申请条件是什么，怎样申请？

国家开放大学总部设立了国家开放大学奖学金、"长征带"教育精准扶贫专项奖学金、"长征带"教育精准扶贫工程助学金。

国家开放大学奖学金的奖励对象为国家开放大学各专业在读学生，申请条件为：

①热爱祖国，拥护中国共产党的领导，具有坚定正确的政治方向，遵守国家法律、法规和学校各项规章制度，诚实守信、品德优良，行为规范。

②学习目的明确，学习态度端正，勤奋努力，锐意进取，积极参加学校组织的教学和其他各项活动，具有较强的自主学习能力，并在学习中善于合作、乐于帮助和带动他人共同学习。

③入学一年以上，已获得毕业总学分40%以上本专业课程学分（不包括补修课程）。已经获得过奖学金的学生再次申请奖学金时，需再获得30%以上的课程学分。

④学习成绩优良，本专业课程平均成绩不低于70分。

⑤在读期间获得国家、省（部）级奖励或中国人民解放军战区级奖励，对社会做出突出贡献者，不受奖学金分配名额限制且可适当放宽第三、第四条所列条件要求。

省（部）级奖励是指省级党委、政府直接授予的奖励和国家各部委授予的奖励，省级党委或政府所属委、办、厅（局）等部门授予的省级劳动模范、五一劳动奖章、三八红旗手和青年五四奖章等奖项也视为省级奖励。

"长征带"教育精准扶贫专项奖学金和"长征带"教育精准扶贫工程助学金是对红军长征路沿线有关省（区、市）的国家级贫困县进行的教育精准扶贫，为江西、湖南、广西等13所分部、27个学习中心的学生颁发奖学金和助学金。

国家开放大学每年在国家开放大学网站向学生发布奖学金评选的相关信息。学生可以通过学生事务服务部门或导学教师了解申请奖学金的详细信息。

在奖学金评选过程中，首先由国家开放大学总部部署评选任务，再由分部组织学习中心开展初评，学习中心向分部推荐奖学金候选人，最终由总部公布获奖者名单。国家开放大学奖学金评审流程如图5-13所示。

2. 国家开放大学各分部设立了哪些类型的奖（助）学金项目？

许多分部设置了相应的奖（助）学金，初步形成了系统运作的奖（助）学金体系。这些奖（助）学金大都是分部拨款，还有一部分由社会资金支持。学生在申请这些奖（助）学金时，相关的申请条件可以查看分部网站或咨询学习中心的教师。

3. 国家开放大学总部设立的学生评优项目有哪些？该如何申请？

目前，国家开放大学总部每年开展"优秀毕业生"评选活动。该活动始于2002年，当年开放教育本科（专科起点）和专科的毕业生均可提出申请。该活动为学生树立了学习的榜样，激发了学生学习的积极性。

申请优秀毕业生的具体条件：

①热爱祖国，拥护中国共产党的领导，具有坚定正确的政治方向，遵守国家法律、法规和学校各项规章制度。

②品德高尚、行为端正，具有良好的道德修养和职业素养，在读期间表现优异，在工作岗位上成绩突出。

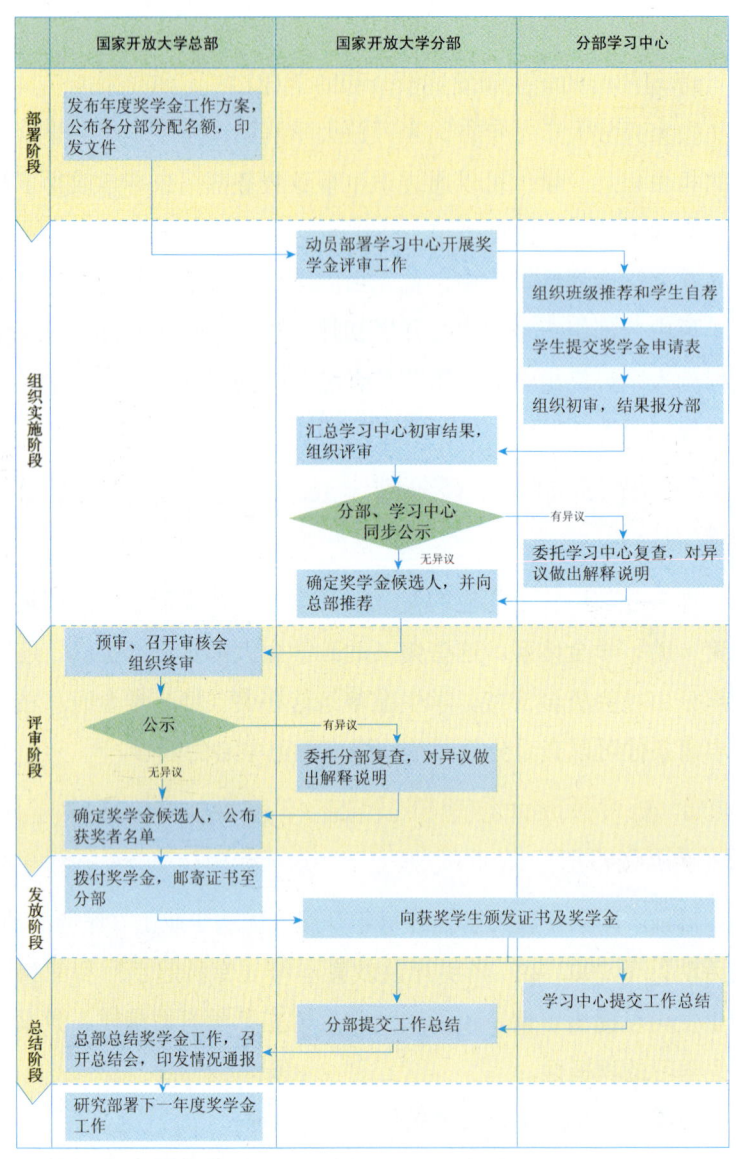

图 5-13 国家开放大学奖学金评审流程

③学习认真刻苦，成绩优良，本专业课程平均成绩和综合实践（毕业论文、毕业设计、毕业作业）成绩均不低于 75 分。

其中，未设置毕业论文（毕业设计、毕业作业）的专业，则按综合实践类课程（如综合实训、综合实践等课程）成绩计算。

④毕业后1年内或在读期间有下列情况之一者，不受名额限制并可适当放宽成绩要求。

• 独立或作为主要成员获得国家、省（部）级奖励或中国人民解放军战区级及以上奖励者。

省部级奖励是指省级党委和政府直接授予的奖励和国家各部委授予的奖励，省级党委或政府所属委、办、厅（局）等部门授予的省级劳动模范、五一劳动奖章、三八红旗手和青年五四奖章等类似奖项也视为省级奖励。

• 独立或作为主要成员获得大型集团总公司的先进个人、劳动模范或集体荣誉者。

• 独立主持或作为主要成员参与完成国家级重点课题或出版原创性的专著者。

详细情况请关注国家开放大学门户网站优秀毕业生栏目（http://www.ouchn.edu.cn/Portal/Category/yxbys.aspx）。

国家开放大学制定了优秀毕业生评选办法，严格规范评审流程。国家开放大学优秀毕业生评选工作流程如图5-14所示。

4. 国家开放大学总部对优秀毕业生如何奖励、表彰和宣传呢？

国家开放大学总部每年印发表彰决定的文件，向优秀毕业生颁发证书及奖品。总部、分部及学习中心采取多种形式开展优秀毕业生表彰活动。总部、分部及学习中心通过广播、电视、网络、报纸等多种媒体对优秀毕业生的先进事迹进行宣传报道。国家开放大学选择事迹特别突出的部分优秀毕业生，通过《国开时讯周刊》《中国电大报》"中国网·国开在线"等媒体报道其优秀事迹，拍摄《求学人生》纪录片，展示优秀毕业生风采，宣传其优秀事迹。

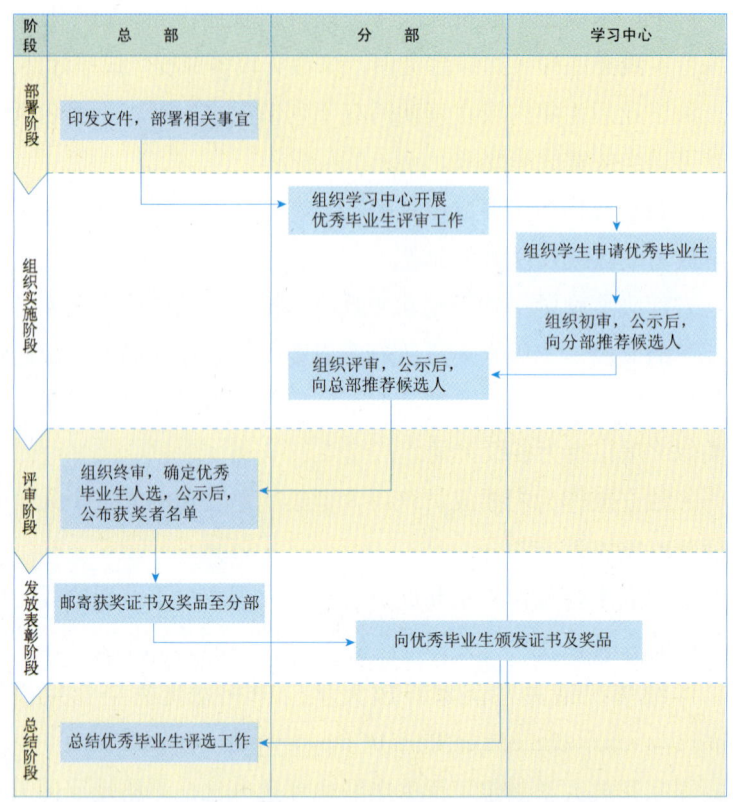

图 5-14 国家开放大学优秀毕业生评选工作流程

5. 国家开放大学各分部和学习中心设立了哪些学生评优项目?

为了发掘更多的学习典型,各分部也开展了优秀毕业生评选表彰活动,与总部一起形成了覆盖各类学生、多层次的学生评优体系。在分部,除了优秀毕业生的评选,还设立了优秀学生、优秀学习小组、优秀学生干部、百佳学习型家庭等评优项目,以更好地鼓励学生学习。只要你符合相关的申请条件,就可以向所在分部提出申请。

评价与反思

1. 国家开放大学奖学金的申请条件有哪些？
2. 国家开放大学优秀毕业生的申请条件有哪些？
3. 国家开放大学各分部设立了哪些奖学金和评优项目？

拓展知识

校友风采

1. 奖学金获得者风采

龙四清，行政管理专业本科学生。为其所在村的柑橘注册"舞水牌"商标，"舞水牌"柑橘远销全国15个省市。荣获"全国三八红旗手""全国劳动模范"称号，为十八大代表。2012年度中央广播电视大学奖学金获得者。

李正，机械设计制造及其自动化专业本科学生。荣获"安徽省技术能手""安徽省青年岗位能手"及安徽电大开放学院"优秀学员"称号，获得"安徽省五一劳动奖章"、通用机械研究院颁发的"五四青年奖"。2013年度国家开放大学奖学金获得者。

杜丽群，行政管理专业本科学生。广西壮族自治区优秀护士、优秀共产党员。获得国际红十字会颁发的"南丁格尔奖""白求恩奖章""全国五一劳动奖章"，荣获"全国医德楷模""全国三八红旗手""中国好人"称号。2014年度国家开放大学奖学金获得者。

胡全波，土木工程专业本科学生。荣获新洲区"优秀创业者""武汉市第十五届劳动模范""湖北省建功湖北优秀农民工""湖北省回归创业优秀青年""湖北省劳动模范"称号。2015年度国家开放大学奖学金获得者。

李万君，机械设计专业本科学生。他是我国的高铁焊接专家，进行技术攻关100余项，其中21项获国家专利。荣获"全国优秀共产党员""感动中国2016年度人物""全国劳动模范"称号。2016年度国家开放大学奖学金获得者。

王曼利，法学专业本科学生。荣获"陕西省劳动模范""陕西省十大杰出工人""全国交通运输行业文明职工""陕西省创先争优先进个人""全国创先争优优秀共产党员""全国劳动模范"称号，为第十二届、第十三届全国人大代表。2017年度国家开放大学奖学金获得者。

何志勇，行政管理专业专科学生。获得"江西省五一劳动奖章"，被评为"江西省最美农民工"，担任景德镇市青年联合会副主席。2018年度国家开放大学奖学金获得者。

魏浩任，会展策划与管理专业专科学生。2019年被团中央、农业农村部共同评为"全国农村青年致富带头人""国家级农民教育培训讲师"。2019年度国家开放大学奖学金获得者。

2. 优秀毕业生风采

植志毅，法学专业本科毕业生。两次荣立广西壮族自治区贺州市公安局个人三等功。2012年被评为"广西壮族自治区缉毒破案能手"。2012年荣立广西壮族自治区公安厅颁发的一等功，获得公安部颁发的"全国优秀人民警察"荣誉称号，以及"第十五届广西青年五四奖章""广西五一劳动奖章"。获得2012年度中央广播电视大学优秀毕业生称号。

陈松菊，工商管理专业本科毕业生。由于不断学习、工作业绩突出，当选上海市第十四届人大代表、中国工会第十六次全国代表大会代表，荣获"全国优秀农民工"称号。获得2013年度中央广播电视大学优秀毕业生称号。

徐西国，现代文员专业专科毕业生。多次被山东省泰安市邮政局评为"先进工作者""优秀投递员""优秀投递营销员"。其先进事迹被山东电视台、泰安电视台拍成专题片，并且当选为"中国好人"。获得2014年度中央广播电视大学优秀毕业生称号。

魏秋香，农村行政管理专业专科毕业生。她创办的合作社相继被评为"江西省优秀科普示范基地""江西省三八绿色工程示范基地"等。个人被评为"江西省农村妇女双学双比劳动女能手""2012中国优秀经济女性""全国计划生育家庭妇女创业之星""江西省劳动模范"。获得2015年度中央广播电视大学优秀毕业生称号。

宋丽萍，法学专业专科毕业生。中共中央宣传部授予其"全国最美人物"称号，中国石油化工集团授予其"精神文明建设标兵"称号，河南省总工会授予其"河南省文明职工"称号。被评为"中石化第二届感动石化人物""中原油田优秀共产党员""中原油田优秀志愿者""濮阳市最美志愿者""濮阳市劳动模范"等。获得2016年度国家开放大学优秀毕业生称号。

柳兆林，工商管理专业本科毕业生。他参与了多个国家级重点工程和项目。荣获"武汉市第十五届劳动模范""湖北省创新能手""中央企业优秀共产党员""集团公司技术能手""公司优秀共产党员""全国技术能手""武汉市大城工匠"等称号，还荣获国务院政府特殊津贴。获得2017年度国家开放大学优秀毕业生称号。

陈启佳，数控技术专业专科毕业生。荣获"全国技术能手""广州市技术创新能手"等称号。在第44届世界技能大赛中，他代表中国参加CAD机械设计项目的角逐，最终夺得银牌。获得2018年度国家开放大学优秀毕业生称号。

裴英翔，机械设计制造及自动化专业本科毕业生。先后获得多项国家发明专利"大型燃煤锅炉膜式壁式前后拱"、国家实用新型专利"一种锅炉烟囱冷凝水

回收装置"等，取得中华人民共和国专业技术人员职业资格证书。获得2019年度国家开放大学优秀毕业生称号。

3. 杰出校友风采

谭建荣，国家开放大学1982届机械工程和电子工程双专业专科毕业生。为中国工程院院士，浙江大学求是特聘教授、博士生导师，担任浙江大学机械工程学院设计工程及自动化系主任。获得"科技部十五863先进个人"称号及"科技部十一五国家科技计划执行突出贡献奖"。

董明，国家开放大学2015届行政管理专业本科毕业生。任国家开放大学武汉分部教师、团委副书记，全国青联委员，北京奥运会火炬手、伦敦奥运会火炬手。获得"全国道德模范""全国自强模范""全国百名优秀志愿者"称号，以及"中国青年五四奖章"。

朱桂全，国家开放大学2008届行政管理专业专科毕业生，2011届行政管理专业本科毕业生。曾任北海舰队某驱逐舰支队某舰机电部门燃气轮机班班长兼技师，现任华电通用轻型燃机设备有限公司服务技术总监。服役期间先后荣立两次二等功、两次三等功，获得"全军优秀人才奖一等奖"，被评为"海军人才队伍建设先进个人标兵"等，获得国务院政府特殊津贴。

周勇，国家开放大学2018届行政管理专业本科毕业生。任青岛市中车四方机车车辆股份有限公司首席技师。荣获"泰山领军人才""高铁工匠""山东省示范性劳模"等称号。

李城外，国家开放大学1985届汉语言文学专业专科毕业生。任中国作家协会会员、中华诗词学会会员、世界华文文学家学会会员。获得"湖北省五四青年奖章"，荣获"全国书香之家"等称号。

方继凡，国家开放大学2009届农业经济管理专科毕业生。任新明乡猴坑村党总支书记兼村委会主任、黄山市猴坑茶业有限公司董事长兼总经理。荣获"全国科普带头人""中国十大农村带头人物""全国创业之星""安徽省劳动模范""安徽省优秀共产党员""安徽省农民创业带头人"等称号。

国家开放大学学习指南

课程组

主　　编：林　宇

课程组长：叶志宏

编写人员：赵婷婷　李慧丽　张　遐　刘志芳　李明阳
　　　　　熊　伟　齐　阳　狄晓暄　孙鸿飞　程　千

主持教师：叶志宏　程　千